I0177299

AFRIKAANS
VOCABOLARIO

ITALIANO-
AFRIKAANS

Le parole più utili
Per ampliare il proprio lessico e affinare
le proprie abilità linguistiche

3000 parole

Vocabolario Italiano-Afrikaans per studio autodidattico - 3000 parole
Di Andrey Taranov

I vocabolari T&P Books si propongono come strumento di aiuto per apprendere, memorizzare e revisionare l'uso di termini stranieri. Il dizionario si divide in vari argomenti che includono la maggior parte delle attività quotidiane, tra cui affari, scienza, cultura, ecc.

Il processo di apprendimento delle parole attraverso i dizionari divisi in liste tematiche della collana T&P Books offre i seguenti vantaggi:

- Le fonti d'informazione correttamente raggruppate garantiscono un buon risultato nella memorizzazione delle parole
- La possibilità di memorizzare gruppi di parole con la stessa radice (piuttosto che memorizzarle separatamente)
- Piccoli gruppi di parole facilitano il processo di apprendimento per associazione, utile al potenziamento lessicale
- Il livello di conoscenza della lingua può essere valutato attraverso il numero di parole apprese

T&P Books Publishing
www.tpbooks.com

ISBN: 978-1-78716-514-4

Questo libro è disponibile anche in formato e-book.
Visitate il sito www.tpbooks.com o le principali librerie online.

VOCABOLARIO AFRIKAANS
per studio autodidattico

I vocabolari T&P Books si propongono come strumento di aiuto per apprendere, memorizzare e revisionare l'uso di termini stranieri. Il vocabolario contiene oltre 3000 parole di uso comune ordinate per argomenti.

* Il vocabolario contiene le parole più comunemente usate
* È consigliato in aggiunta ad un corso di lingua
* Risponde alle esigenze degli studenti di lingue straniere sia essi principianti o di livello avanzato
* Pratico per un uso quotidiano, per gli esercizi di revisione e di autovalutazione
* Consente di valutare la conoscenza del proprio lessico

Caratteristiche specifiche del vocabolario:

* Le parole sono ordinate secondo il proprio significato e non alfabeticamente
* Le parole sono riportate in tre colonne diverse per facilitare il metodo di revisione e autovalutazione
* I gruppi di parole sono divisi in sottogruppi per facilitare il processo di apprendimento
* Il vocabolario offre una pratica e semplice trascrizione fonetica per ogni termine straniero

Il vocabolario contiene 101 argomenti tra cui:

Concetti di Base, Numeri, Colori, Mesi, Stagioni, Unità di Misura, Abbigliamento e Accessori, Cibo e Alimentazione, Ristorante, Membri della Famiglia, Parenti, Personalità, Sentimenti, Emozioni, Malattie, Città, Visita Turistica, Acquisti, Denaro, Casa, Ufficio, Lavoro d'Ufficio, Import-export, Marketing, Ricerca di un Lavoro, Sport, Istruzione, Computer, Internet, Utensili, Natura, Paesi, Nazionalità e altro ancora …

INDICE

GUIDA ALLA PRONUNCIA

Alfabeto fonetico T&P	Esempio afrikaans	Esempio italiano
[a]	land	macchia
[ā]	straat	scusare
[æ]	hout	spremifrutta
[o], [ɔ]	Australië	notte
[e]	metaal	meno, leggere
[ɛ]	aanlê	centro
[ə]	filter	soldato (dialetto foggiano)
[i]	uur	tattica
[i]	billik	vittoria
[ī]	naïef	scacchi
[o]	koppie	notte
[ø]	akteur	oblò
[œ]	fluit	tedesco - Hölle
[u]	hulle	prugno
[ʊ]	hout	prugno
[b]	bakker	bianco
[d]	donder	doccia
[f]	navraag	ferrovia
[g]	burger	guerriero
[h]	driehoek	[h] aspirate
[j]	byvoeg	New York
[k]	kamera	cometa
[l]	loon	saluto
[m]	môre	mostra
[n]	neef	novanta
[p]	pyp	pieno
[r]	rigting	ritmo, raro
[s]	oplos	sapere
[t]	lood, tenk	tattica
[v]	bewaar	volare
[w]	oorwinnaar	week-end
[z]	zoem	rosa
[dʒ]	enjin	piangere
[ʃ]	artisjok	ruscello
[ŋ]	kans	fango
[tʃ]	tjek	cinque
[ʒ]	beige	beige
[x]	agent	[h] dolce

ABBREVIAZIONI
usate nel vocabolario

Italiano. Abbreviazioni

agg	-	aggettivo
anim.	-	animato
avv	-	avverbio
cong	-	congiunzione
ecc.	-	eccetera
f	-	sostantivo femminile
f pl	-	femminile plurale
fem.	-	femminile
form.	-	formale
inanim.	-	inanimato
inform.	-	familiare
m	-	sostantivo maschile
m pl	-	maschile plurale
m, f	-	maschile, femminile
masc.	-	maschile
mil.	-	militare
pl	-	plurale
pron	-	pronome
qc	-	qualcosa
qn	-	qualcuno
sing.	-	singolare
v aus	-	verbo ausiliare
vi	-	verbo intransitivo
vi, vt	-	verbo intransitivo, transitivo
vr	-	verbo riflessivo
vt	-	verbo transitivo

CONCETTI DI BASE

1. Pronomi

io	ek, my	[εk], [maj]
tu	jy	[jaj]
lui	hy	[haj]
lei	sy	[saj]
esso	dit	[dit]
noi	ons	[ɔŋs]
voi	julle	[jullə]
Lei	u	[u]
Voi	u	[u]
loro	hulle	[hullə]
loro (masc.)	hulle	[hullə]
loro (fem.)	hulle	[hullə]

2. Saluti. Convenevoli

Salve!	Hallo!	[hallo!]
Buongiorno!	Hallo!	[hallo!]
Buongiorno! (la mattina)	Goeie môre!	[χuje mɔrə!]
Buon pomeriggio!	Goeiemiddag!	[χuje·middaχ!]
Buonasera!	Goeienaand!	[χuje·nānt!]
salutare (vt)	dagsê	[daχsɛ:]
Ciao! Salve!	Hallo!	[hallo!]
saluto (m)	groet	[χrut]
salutare (vt)	groet	[χrut]
Come sta?	Hoe gaan dit?	[hu χān dit?]
Come stai?	Hoe gaan dit?	[hu χān dit?]
Che c'è di nuovo?	Hoe gaan dit?	[hu χān dit?]
Arrivederci!	Totsiens!	[totsiŋs!]
Ciao!	Koebaai!	[kubāi!]
A presto!	Totsiens!	[totsiŋs!]
Addio! (inform.)	Mooi loop!	[moj loəp!]
Addio! (form.)	Vaarwel!	[fārwel!]
congedarsi (vr)	afskeid neem	[afskæjt neəm]
Ciao! (A presto!)	Koebaai!	[kubāi!]
Grazie!	Dankie!	[danki!]
Grazie mille!	Baie dankie!	[baje danki!]
Prego	Plesier	[plesir]
Non c'è di che!	Plesier!	[plesir!]

Di niente	Plesier	[plesir]
Scusa!	Ekskuus!	[ɛkskɪs!]
Scusi!	Verskoon my!	[ferskoən maj!]
scusare (vt)	verskoon	[ferskoən]

scusarsi (vr)	verskoning vra	[ferskoniŋ fra]
Chiedo scusa	Verskoning	[ferskoniŋ]
Mi perdoni!	Ek is jammer!	[ɛk is jammər!]
perdonare (vt)	vergewe	[ferχevə]
Non fa niente	Maak nie saak nie!	[māk ni sāk ni!]
per favore	asseblief	[asseblif]

Non dimentichi!	Vergeet dit nie!	[ferχeət dit ni!]
Certamente!	Beslis!	[beslis!]
Certamente no!	Natuurlik nie!	[natɪrlik ni!]
D'accordo!	OK!	[okej!]
Basta!	Dis genoeg!	[dis χenuχ!]

3. Domande

Chi?	Wie?	[vi?]
Che cosa?	Wat?	[vat?]
Dove? (in che luogo?)	Waar?	[vār?]
Dove? (~ vai?)	Waarheen?	[vārheən?]
Di dove?, Da dove?	Waarvandaan?	[vārfandān?]
Quando?	Wanneer?	[vanneər?]
Perché? (per quale scopo?)	Hoekom?	[hukom?]
Perché? (per quale ragione?)	Hoekom?	[hukom?]

Per che cosa?	Vir wat?	[fir vat?]
Come?	Hoe?	[hu?]
Che? (~ colore è?)	Watter?	[vattər?]
Quale?	Watter een?	[vattər eən?]

A chi?	Vir wie?	[fir vi?]
Di chi?	Oor wie?	[oər vi?]
Di che cosa?	Oor wat?	[oər vat?]
Con chi?	Met wie?	[met vi?]
Quanti?, Quanto?	Hoeveel?	[hufeəl?]

4. Preposizioni

con (tè ~ il latte)	met	[met]
senza	sonder	[sondər]
a (andare ~ ...)	na	[na]
di (parlare ~ ...)	oor	[oər]
prima di ...	voor	[foər]
di fronte a ...	voor ...	[foər ...]

sotto (avv)	onder	[ondər]
sopra (al di ~)	oor	[oər]
su (sul tavolo, ecc.)	op	[op]

da, di (via da ..., fuori di ...)	uit	[œit]
di (fatto ~ cartone)	van	[fan]
fra (~ dieci minuti)	oor	[oər]
attraverso (dall'altra parte)	oor	[oər]

5. Parole grammaticali. Avverbi. Parte 1

Dove?	Waar?	[vār?]
qui (in questo luogo)	hier	[hir]
lì (in quel luogo)	daar	[dār]
da qualche parte (essere ~)	êrens	[ærɛŋs]
da nessuna parte	nêrens	[nærɛŋs]
vicino a ...	by	[baj]
vicino alla finestra	by	[baj]
Dove?	Waarheen?	[vārheən?]
qui (vieni ~)	hier	[hir]
ci (~ vado stasera)	soontoe	[soentu]
da qui	hiervandaan	[hirfandān]
da lì	daarvandaan	[dārfandān]
vicino, accanto (avv)	naby	[nabaj]
lontano (avv)	ver	[fer]
vicino (~ a Parigi)	naby	[nabaj]
vicino (qui ~)	naby	[nabaj]
non lontano	nie ver nie	[ni fər ni]
sinistro (agg)	linker-	[linkər-]
a sinistra (rimanere ~)	op linkerhand	[op linkərhant]
a sinistra (girare ~)	na links	[na links]
destro (agg)	regter	[reχtər]
a destra (rimanere ~)	op regterhand	[op reχtərhant]
a destra (girare ~)	na regs	[na reχs]
davanti	voor	[foər]
anteriore (agg)	voorste	[foərstə]
avanti	vooruit	[foərœit]
dietro (avv)	agter	[aχtər]
da dietro	van agter	[fan aχtər]
indietro	agtertoe	[aχtərtu]
mezzo (m), centro (m)	middel	[middəl]
in mezzo, al centro	in die middel	[in di middəl]
di fianco	op die sykant	[op di sajkant]
dappertutto	orals	[orals]
attorno	orals rond	[orals ront]
da dentro	van binne	[fan binnə]

da qualche parte (andare ~)	êrens	[ærɛŋs]
dritto (direttamente)	reguit	[reχœit]
indietro	terug	[teruχ]

da qualsiasi parte	êrens vandaan	[ærɛŋs fandãn]
da qualche posto (veniamo ~)	êrens vandaan	[ærɛŋs fandãn]

in primo luogo	in die eerste plek	[in di eərstə plek]
in secondo luogo	in die tweede plek	[in di tweədə plek]
in terzo luogo	in die derde plek	[in di derdə plek]

all'improvviso	skielik	[skilik]
all'inizio	aan die begin	[ãn di beχin]
per la prima volta	vir die eerste keer	[fir di eərstə keər]
molto tempo prima di...	lank voordat ...	[lank foərdat ...]
di nuovo	opnuut	[opnɪt]
per sempre	vir goed	[fir χut]

mai	nooit	[nojt]
ancora	weer	[veər]
adesso	nou	[næʊ]
spesso (avv)	dikwels	[dikwɛls]
allora	toe	[tu]
urgentemente	dringend	[driŋən]
di solito	gewoonlik	[χevoənlik]

a proposito, ...	terloops, ...	[terloəps], [...]
è possibile	moontlik	[moentlik]
probabilmente	waarskynlik	[vãrskajnlik]
forse	dalk	[dalk]
inoltre ...	trouens ...	[træʊɛŋs ...]
ecco perché ...	dis hoekom ...	[dis hukom ...]
nonostante (~ tutto)	ondanks ...	[ondanks ...]
grazie a ...	danksy ...	[danksaj ...]

che cosa (pron)	wat	[vat]
che (cong)	dat	[dat]
qualcosa (qualsiasi cosa)	iets	[its]

qualcosa (le serve ~?)	iets	[its]
niente	niks	[niks]

chi (pron)	wie	[vi]
qualcuno (annuire a ~)	iemand	[imant]
qualcuno (dipendere da ~)	iemand	[imant]

nessuno	niemand	[nimant]
da nessuna parte	nêrens	[nærɛŋs]

di nessuno	niemand se	[nimant sə]
di qualcuno	iemand se	[imant sə]

così (era ~ arrabbiato)	so	[so]
anche (penso ~ a ...)	ook	[oək]
anche, pure	ook	[oək]

6. Parole grammaticali. Avverbi. Parte 2

Perché?	Waarom?	[vãrom?]
perché ...	omdat ...	[omdat ...]
e (cong)	en	[ɛn]
o (sì ~ no?)	of	[of]
ma (però)	maar	[mãr]
per (~ me)	vir	[fir]
troppo	te	[te]
solo (avv)	net	[net]
esattamente	presies	[presis]
circa (~ 10 dollari)	ongeveer	[onχəfeər]
approssimativamente	ongeveer	[onχəfeər]
approssimativo (agg)	geraamde	[χerãmdə]
quasi	amper	[ampər]
resto	die res	[di res]
l'altro (~ libro)	die ander	[di andər]
altro (differente)	ander	[andər]
ogni (agg)	elke	[ɛlkə]
qualsiasi (agg)	enige	[ɛniχə]
molti, molto	baie	[bajə]
molta gente	baie mense	[bajə mɛŋsə]
tutto, tutti	almal	[almal]
in cambio di ...	in ruil vir ...	[in rœil fir ...]
in cambio	as vergoeding	[as ferχudiŋ]
a mano (fatto ~)	met die hand	[met di hant]
poco probabile	skaars	[skãrs]
probabilmente	waarskynlik	[vãrskajnlik]
apposta	opsetlik	[opsetlik]
per caso	toevallig	[tufalləχ]
molto (avv)	baie	[bajə]
per esempio	byvoorbeeld	[bajfoərbeəlt]
fra (~ due)	tussen	[tussən]
fra (~ più di due)	tussen	[tussən]
tanto (quantità)	so baie	[so bajə]
soprattutto	veral	[feral]

NUMERI. VARIE

7. Numeri cardinali. Parte 1

zero (m)	nul	[nul]
uno	een	[eən]
due	twee	[tweə]
tre	drie	[dri]
quattro	vier	[fir]
cinque	vyf	[fajf]
sei	ses	[ses]
sette	sewe	[sevə]
otto	ag	[aχ]
nove	nege	[neχə]
dieci	tien	[tin]
undici	elf	[ɛlf]
dodici	twaalf	[twālf]
tredici	dertien	[dertin]
quattordici	veertien	[feərtin]
quindici	vyftien	[fajftin]
sedici	sestien	[sestin]
diciassette	sewetien	[sevətin]
diciotto	agtien	[aχtin]
diciannove	negetien	[neχetin]
venti	twintig	[twintəχ]
ventuno	een-en-twintig	[eən-en-twintəχ]
ventidue	twee-en-twintig	[tweə-en-twintəχ]
ventitre	drie-en-twintig	[dri-en-twintəχ]
trenta	dertig	[dertəχ]
trentuno	een-en-dertig	[eən-en-dertəχ]
trentadue	twee-en-dertig	[tweə-en-dertəχ]
trentatre	drie-en-dertig	[dri-en-dertəχ]
quaranta	veertig	[feərtəχ]
quarantuno	een-en-veertig	[eən-en-feərtəχ]
quarantadue	twee-en-veertig	[tweə-en-feərtəχ]
quarantatre	vier-en-veertig	[fir-en-feərtəχ]
cinquanta	vyftig	[fajftəχ]
cinquantuno	een-en-vyftig	[eən-en-fajftəχ]
cinquantadue	twee-en-vyftig	[tweə-en-fajftəχ]
cinquantatre	drie-en-vyftig	[dri-en-fajftəχ]
sessanta	sestig	[sestəχ]
sessantuno	een-en-sestig	[eən-en-sestəχ]

| sessantadue | twee-en-sestig | [twee-en-sestəχ] |
| sessantatre | drie-en-sestig | [dri-en-sestəχ] |

settanta	sewentig	[seventəχ]
settantuno	een-en-sewentig	[een-en-seventəχ]
settantadue	twee-en-sewentig	[twee-en-seventəχ]
settantatre	drie-en-sewentig	[dri-en-seventəχ]

ottanta	tagtig	[taχtəχ]
ottantuno	een-en-tagtig	[een-en-taχtəχ]
ottantadue	twee-en-tagtig	[twee-en-taχtəχ]
ottantatre	drie-en-tagtig	[dri-en-taχtəχ]

novanta	negentig	[neχentəχ]
novantuno	een-en-negentig	[een-en-neχentəχ]
novantadue	twee-en-negentig	[twee-en-neχentəχ]
novantatre	drie-en-negentig	[dri-en-neχentəχ]

8. Numeri cardinali. Parte 2

cento	honderd	[hondərt]
duecento	tweehonderd	[twee·hondərt]
trecento	driehonderd	[dri·hondərt]
quattrocento	vierhonderd	[fir·hondərt]
cinquecento	vyfhonderd	[fajf·hondərt]

seicento	seshonderd	[ses·hondərt]
settecento	sewehonderd	[sevə·hondərt]
ottocento	aghonderd	[aχ·hondərt]
novecento	negehonderd	[neχə·hondərt]

mille	duisend	[dœisent]
duemila	tweeduisend	[twee·dœisent]
tremila	drieduisend	[dri·dœisent]
diecimila	tienduisend	[tin·dœisent]
centomila	honderdduisend	[hondərt·dajsent]
milione (m)	miljoen	[miljun]
miliardo (m)	miljard	[miljart]

9. Numeri ordinali

primo	eerste	[eerstə]
secondo	tweede	[tweedə]
terzo	derde	[derdə]
quarto	vierde	[firdə]
quinto	vyfde	[fajfdə]

sesto	sesde	[sesdə]
settimo	sewende	[sevendə]
ottavo	agste	[aχstə]
nono	negende	[neχendə]
decimo	tiende	[tində]

COLORI. UNITÀ DI MISURA

10. Colori

colore (m)	kleur	[kløər]
sfumatura (f)	skakering	[skakeriŋ]
tono (m)	tint	[tint]
arcobaleno (m)	reënboog	[reɛn·boəχ]
bianco (agg)	wit	[vit]
nero (agg)	swart	[swart]
grigio (agg)	grys	[χrajs]
verde (agg)	groen	[χrun]
giallo (agg)	geel	[χeəl]
rosso (agg)	rooi	[roj]
blu (agg)	blou	[blæʊ]
azzurro (agg)	ligblou	[liχ·blæʊ]
rosa (agg)	pienk	[pink]
arancione (agg)	oranje	[oranje]
violetto (agg)	pers	[pers]
marrone (agg)	bruin	[brœin]
d'oro (agg)	goue	[χæʊə]
argenteo (agg)	silweragtig	[silweraχtəχ]
beige (agg)	beige	[bɛ:iʒ]
color crema (agg)	roomkleurig	[roəm·kløərəχ]
turchese (agg)	turkoois	[turkojs]
rosso ciliegia (agg)	kersierooi	[kersi·roj]
lilla (agg)	lila	[lila]
rosso lampone (agg)	karmosyn	[karmosajn]
chiaro (agg)	lig	[liχ]
scuro (agg)	donker	[donkər]
vivo, vivido (agg)	helder	[hɛldər]
colorato (agg)	kleurig	[kløərəχ]
a colori	kleur	[kløər]
bianco e nero (agg)	swart-wit	[swart-wit]
in tinta unita	effe	[ɛffə]
multicolore (agg)	veelkleurig	[feəlkløərəχ]

11. Unità di misura

peso (m)	gewig	[χevəχ]
lunghezza (f)	lengte	[leŋtə]

larghezza (f)	breedte	[breədtə]
altezza (f)	hoogte	[hoəχtə]
profondità (f)	diepte	[diptə]
volume (m)	volume	[folumə]
area (f)	area	[area]

grammo (m)	gram	[χram]
milligrammo (m)	milligram	[milliχram]
chilogrammo (m)	kilogram	[kiloχram]
tonnellata (f)	ton	[ton]
libbra (f)	pond	[pont]
oncia (f)	ons	[ɔŋs]

metro (m)	meter	[metər]
millimetro (m)	millimeter	[millimetər]
centimetro (m)	sentimeter	[sentimetər]
chilometro (m)	kilometer	[kilometər]
miglio (m)	myl	[majl]

pollice (m)	duim	[dœim]
piede (f)	voet	[fut]
iarda (f)	jaart	[jãrt]

| metro (m) quadro | vierkante meter | [firkantə metər] |
| ettaro (m) | hektaar | [hektãr] |

litro (m)	liter	[litər]
grado (m)	graad	[χrãt]
volt (m)	volt	[folt]
ampere (m)	ampère	[ampɛːr]
cavallo vapore (m)	perdekrag	[perdə·kraχ]

quantità (f)	hoeveelheid	[hufeəlhæjt]
metà (f)	helfte	[hɛlftə]
dozzina (f)	dosyn	[dosajn]
pezzo (m)	stuk	[stuk]

| dimensione (f) | grootte | [χroettə] |
| scala (f) (modello in ~) | skaal | [skãl] |

minimo (agg)	minimaal	[minimãl]
minore (agg)	die kleinste	[di klæjnstə]
medio (agg)	medium	[medium]
massimo (agg)	maksimaal	[maksimãl]
maggiore (agg)	die grootste	[di χroətstə]

12. Contenitori

barattolo (m) di vetro	glaspot	[χlas·pot]
latta, lattina (f)	blikkie	[blikki]
secchio (m)	emmer	[ɛmmər]
barile (m), botte (f)	drom	[drom]
catino (m)	wasbak	[vas·bak]
serbatoio (m) (per liquidi)	tenk	[tɛnk]

fiaschetta (f)	heupfles	[høəp·fles]
tanica (f)	petrolblik	[petrol·blik]
cisterna (f)	tenk	[tɛnk]
tazza (f)	beker	[bekər]
tazzina (f) (~ di caffé)	koppie	[koppi]
piattino (m)	piering	[piriŋ]
bicchiere (m) (senza stelo)	glas	[χlas]
calice (m)	wynglas	[vajn·χlas]
casseruola (f)	soppot	[sop·pot]
bottiglia (f)	bottel	[bottəl]
collo (m) (~ della bottiglia)	nek	[nek]
caraffa (f)	kraffie	[kraffi]
brocca (f)	kruik	[krœik]
recipiente (m)	houer	[hæuər]
vaso (m) di coccio	pot	[pot]
vaso (m) di fiori	vaas	[fɑs]
boccetta (f) (~ di profumo)	bottel	[bottəl]
fiala (f)	botteltjie	[bottɛlki]
tubetto (m)	buisie	[bœisi]
sacco (m) (~ di patate)	sak	[sak]
sacchetto (m) (~ di plastica)	sak	[sak]
pacchetto (m)	pakkie	[pakki]
(~ di sigarette, ecc.)		
scatola (f) (~ per scarpe)	kartondoos	[karton·doəs]
cassa (f) (~ di vino, ecc.)	krat	[krat]
cesta (f)	mandjie	[mandʒi]

I VERBI PIÙ IMPORTANTI

13. I verbi più importanti. Parte 1

accorgersi (vr)	raaksien	[rāksin]
afferrare (vt)	vang	[faŋ]
affittare (dare in affitto)	huur	[hɪr]
aiutare (vt)	help	[hɛlp]
amare (qn)	liefhê	[lifhɛ:]
andare (camminare)	gaan	[χān]
annotare (vt)	opskryf	[opskrajf]
appartenere (vi)	behoort aan ...	[behoərt ān ...]
aprire (vt)	oopmaak	[oəpmāk]
arrivare (vi)	aankom	[ānkom]
aspettare (vt)	wag	[vaχ]
avere (vt)	hê	[hɛ:]
avere fame	honger wees	[hoŋər veəs]
avere fretta	opskud	[opskut]
avere paura	bang wees	[baŋ veəs]
avere sete	dors wees	[dors veəs]
avvertire (vt)	waarsku	[vārsku]
cacciare (vt)	jag	[jaχ]
cadere (vi)	val	[fal]
cambiare (vt)	verander	[ferandər]
capire (vt)	verstaan	[ferstān]
cenare (vi)	aandete gebruik	[āndetə χebrœik]
cercare (vt)	soek ...	[suk ...]
cessare (vt)	ophou	[ophæʊ]
chiedere (~ aiuto)	roep	[rup]
chiedere (domandare)	vra	[fra]
cominciare (vt)	begin	[beχin]
comparare (vt)	vergelyk	[ferχəlajk]
confondere (vt)	verwar	[ferwar]
conoscere (qn)	ken	[ken]
conservare (vt)	bewaar	[bevār]
consigliare (vt)	aanraai	[ānrāi]
contare (calcolare)	tel	[təl]
contare su ...	reken op ...	[reken op ...]
continuare (vt)	aangaan	[ānχān]
controllare (vt)	kontroleer	[kontroleər]
correre (vi)	hardloop	[hardloəp]
costare (vt)	kos	[kos]
creare (vt)	skep	[skep]
cucinare (vi)	kook	[koək]

14. I verbi più importanti. Parte 2

dare (vt)	gee	[χeə]
decorare (adornare)	versier	[fersir]
difendere (~ un paese)	verdedig	[ferdedəχ]
dimenticare (vt)	vergeet	[ferχeət]

dire (~ la verità)	sê	[sɛ:]
dirigere (compagnia, ecc.)	beheer	[beheər]
discutere (vt)	bespreek	[bespreək]
domandare (vt)	vra	[fra]
dubitare (vi)	twyfel	[twajfəl]

entrare (vi)	binnegaan	[binnəχān]
esigere (vt)	eis	[æjs]
esistere (vi)	bestaan	[bestān]

essere (vi)	wees	[veəs]
essere d'accordo	saamstem	[sāmstem]
fare (vt)	doen	[dun]
fare colazione	ontbyt	[ontbajt]

fare il bagno	gaan swem	[χān swem]
fermarsi (vr)	stilhou	[stilhæʊ]
fidarsi (vr)	vertrou	[fertræʊ]
finire (vt)	klaarmaak	[klārmāk]
firmare (~ un documento)	teken	[tekən]

giocare (vi)	speel	[speəl]
girare (~ a destra)	draai	[drāi]
gridare (vi)	skreeu	[skriʊ]
indovinare (vt)	raai	[rāi]
informare (vt)	in kennis stel	[in kɛnnis stəl]

ingannare (vt)	bedrieg	[bedrəχ]
insistere (vi)	aandring	[āndriŋ]
insultare (vt)	beledig	[beledəχ]
interessarsi di ...	belangstel in ...	[belaŋstəl in ...]
invitare (vt)	uitnooi	[œitnoj]

lamentarsi (vr)	kla	[kla]
lasciar cadere	laat val	[lāt fal]
lavorare (vi)	werk	[verk]
leggere (vi, vt)	lees	[leəs]
liberare (vt)	bevry	[befraj]

15. I verbi più importanti. Parte 3

mancare le lezioni	bank	[bank]
mandare (vt)	stuur	[stɪr]
menzionare (vt)	verwys na	[ferwajs na]
minacciare (vt)	dreig	[dræjχ]
mostrare (vt)	wys	[vajs]

nascondere (vt)	wegsteek	[veχsteək]
nuotare (vi)	swem	[swem]
obiettare (vt)	beswaar maak	[beswãr mãk]
occorrere (vimp)	nodig wees	[nodəχ veəs]
ordinare (~ il pranzo)	bestel	[bestəl]

ordinare (mil.)	beveel	[befeəl]
osservare (vt)	waarneem	[vãrneəm]
pagare (vi, vt)	betaal	[betãl]
parlare (vi, vt)	praat	[prãt]
partecipare (vi)	deelneem	[deəlneəm]

pensare (vi, vt)	dink	[dink]
perdonare (vt)	vergewe	[ferχevə]
permettere (vt)	toestaan	[tustãn]
piacere (vi)	hou van	[hæʊ fan]
piangere (vi)	huil	[hœil]

pianificare (vt)	beplan	[beplan]
possedere (vt)	besit	[besit]
potere (v aus)	kan	[kan]
pranzare (vi)	gaan eet	[χãn eət]
preferire (vt)	verkies	[ferkis]

pregare (vi, vt)	bid	[bit]
prendere (vt)	vat	[fat]
prevedere (vt)	voorsien	[foərsin]
promettere (vt)	beloof	[beloəf]
pronunciare (vt)	uitspreek	[œitspreək]

proporre (vt)	voorstel	[foərstəl]
punire (vt)	straf	[straf]
raccomandare (vt)	aanbeveel	[ãnbefeəl]
ridere (vi)	lag	[laχ]
rifiutarsi (vr)	weier	[væjer]

rincrescere (vi)	jammer wees	[jammər veəs]
ripetere (ridire)	herhaal	[herhãl]
riservare (vt)	bespreek	[bespreək]
rispondere (vi, vt)	antwoord	[antwoərt]
rompere (spaccare)	breek	[breək]
rubare (~ i soldi)	steel	[steəl]

16. I verbi più importanti. Parte 4

salvare (~ la vita a qn)	red	[ret]
sapere (vt)	weet	[veət]
scavare (vt)	grawe	[χravə]
scegliere (vt)	kies	[kis]

scendere (vi)	afkom	[afkom]
scherzare (vi)	grappies maak	[χrappis mãk]
scrivere (vt)	skryf	[skrajf]
scusare (vt)	verskoon	[ferskoən]

scusarsi (vr)	verskoning vra	[ferskoniŋ fra]
sedersi (vr)	gaan sit	[χān sit]
seguire (vt)	volg ...	[folχ ...]
sgridare (vt)	uitvaar teen	[œitfār teən]
significare (vt)	beteken	[betekən]
sorridere (vi)	glimlag	[χlimlaχ]

sottovalutare (vt)	onderskat	[ondərskat]
sparare (vi)	skiet	[skit]
sperare (vi, vt)	hoop	[hoəp]
spiegare (vt)	verduidelik	[ferdœidəlik]
studiare (vt)	studeer	[studeər]

stupirsi (vr)	verbaas wees	[ferbās veəs]
tacere (vi)	stilbly	[stilblaj]
tentare (vt)	probeer	[probeər]
toccare (~ con le mani)	aanraak	[ānrāk]
tradurre (vt)	vertaal	[fertāl]

trovare (vt)	vind	[fint]
uccidere (vt)	doodmaak	[doədmāk]
udire (percepire suoni)	hoor	[hoər]
unire (vt)	verenig	[ferenəχ]
uscire (vi)	uitgaan	[œitχān]

vantarsi (vr)	spog	[spoχ]
vedere (vt)	sien	[sin]
vendere (vt)	verkoop	[ferkoəp]
volare (vi)	vlieg	[fliχ]
volere (desiderare)	wil	[vil]

23

ORARIO. CALENDARIO

17. Giorni della settimana

lunedì (m)	Maandag	[mãndaχ]
martedì (m)	Dinsdag	[dinsdaχ]
mercoledì (m)	Woensdag	[voɛŋsdaχ]
giovedì (m)	Donderdag	[dondərdaχ]
venerdì (m)	Vrydag	[frajdaχ]
sabato (m)	Saterdag	[satərdaχ]
domenica (f)	Sondag	[sondaχ]

oggi (avv)	vandag	[fandaχ]
domani	môre	[mɔrə]
dopodomani	oormôre	[oərmɔrə]
ieri (avv)	gister	[χistər]
l'altro ieri	eergister	[eərχistər]

giorno (m)	dag	[daχ]
giorno (m) lavorativo	werksdag	[verks·daχ]
giorno (m) festivo	openbare vakansiedag	[openbarə fakaŋsi·daχ]
giorno (m) di riposo	verlofdag	[ferlofdaχ]
fine (m) settimana	naweek	[naveək]

tutto il giorno	die hele dag	[di helə daχ]
l'indomani	die volgende dag	[di folχendə daχ]
due giorni fa	twee dae gelede	[tweə daə χeledə]
il giorno prima	die dag voor	[di daχ foər]
quotidiano (agg)	daeliks	[daəliks]
ogni giorno	elke dag	[ɛlkə daχ]

settimana (f)	week	[veək]
la settimana scorsa	laas week	[lãs veək]
la settimana prossima	volgende week	[folχendə veək]
settimanale (agg)	weekliks	[veəkliks]
ogni settimana	weekliks	[veəkliks]
ogni martedì	elke Dinsdag	[ɛlkə dinsdaχ]

18. Ore. Giorno e notte

mattina (f)	oggend	[oχent]
di mattina	soggens	[soχɛŋs]
mezzogiorno (m)	middag	[middaχ]
nel pomeriggio	in die namiddag	[in di namiddaχ]

sera (f)	aand	[ãnt]
di sera	saans	[sãŋs]
notte (f)	nag	[naχ]

di notte	snags	[snaχs]
mezzanotte (f)	middernag	[middərnaχ]

secondo (m)	sekonde	[sekondə]
minuto (m)	minuut	[minɪt]
ora (f)	uur	[ɪr]
mezzora (f)	n halfuur	[n halfɪr]
quindici minuti	vyftien minute	[fajftin minutə]
ventiquattro ore	24 ure	[fir-en-twintəχ urə]

levata (f) del sole	sonop	[son·op]
alba (f)	daeraad	[daerãt]
mattutino (m)	elke oggend	[ɛlkə oχent]
tramonto (m)	sononder	[son·ondər]

di buon mattino	vroegdag	[fruχdaχ]
stamattina	vanmôre	[fanmɔrə]
domattina	môreoggend	[mɔrə·oχent]

oggi pomeriggio	vanmiddag	[fanmiddaχ]
nel pomeriggio	in die namiddag	[in di namiddaχ]
domani pomeriggio	môremiddag	[mɔrə·middaχ]

stasera	vanaand	[fanãnt]
domani sera	môreaand	[mɔrə·ãnt]

alle tre precise	klokslag 3 uur	[klokslaχ dri ɪr]
verso le quattro	omstreeks 4 uur	[omstreəks fir ɪr]
per le dodici	teen 12 uur	[teən twalf ɪr]

fra venti minuti	oor twintig minute	[oər twintəχ minutə]
puntualmente	betyds	[betajds]

un quarto di ...	kwart voor ...	[kwart foər ...]
ogni quindici minuti	elke 15 minute	[ɛlkə fajftin minutə]
giorno e notte	24 uur per dag	[fir-en-twintəχ pər daχ]

19. Mesi. Stagioni

gennaio (m)	Januarie	[januari]
febbraio (m)	Februarie	[februari]
marzo (m)	Maart	[mãrt]
aprile (m)	April	[april]
maggio (m)	Mei	[mæj]
giugno (m)	Junie	[juni]

luglio (m)	Julie	[juli]
agosto (m)	Augustus	[ɔuχustus]
settembre (m)	September	[septembər]
ottobre (m)	Oktober	[oktobər]
novembre (m)	November	[nofembər]
dicembre (m)	Desember	[desembər]
primavera (f)	lente	[lentə]
in primavera	in die lente	[in di lentə]

primaverile (agg)	lente-	[lente-]
estate (f)	somer	[somər]
in estate	in die somer	[in di somər]
estivo (agg)	somerse	[somersə]
autunno (m)	herfs	[herfs]
in autunno	in die herfs	[in di herfs]
autunnale (agg)	herfsagtige	[herfsaχtiχə]
inverno (m)	winter	[vintər]
in inverno	in die winter	[in di vintər]
invernale (agg)	winter-	[vintər-]
mese (m)	maand	[mānt]
questo mese	hierdie maand	[hirdi mānt]
il mese prossimo	volgende maand	[folχendə mānt]
il mese scorso	laasmaand	[lāsmānt]
fra due mesi	oor twe maande	[oər twə māndə]
un mese intero	die hele maand	[di helə mānt]
mensile (rivista ~)	maandeliks	[māndəliks]
mensilmente	maandeliks	[māndəliks]
ogni mese	elke maand	[ɛlkə mānt]
anno (m)	jaar	[jār]
quest'anno	hierdie jaar	[hirdi jār]
l'anno prossimo	volgende jaar	[folχendə jār]
l'anno scorso	laasjaar	[lāʃār]
fra due anni	binne twee jaar	[binnə tweə jār]
un anno intero	die hele jaar	[di helə jār]
ogni anno	elke jaar	[ɛlkə jār]
annuale (agg)	jaarliks	[jārliks]
annualmente	jaarliks	[jārliks]
quattro volte all'anno	4 keer per jaar	[fir keər pər jār]
data (f) (~ di oggi)	datum	[datum]
data (f) (~ di nascita)	datum	[datum]
calendario (m)	kalender	[kalendər]
semestre (m)	ses maande	[ses māndə]
stagione (f) (estate, ecc.)	seisoen	[sæjsun]
secolo (m)	eeu	[iʊ]

VIAGGIO. HOTEL

20. Escursione. Viaggio

turismo (m)	toerisme	[turismə]
turista (m)	toeris	[turis]
viaggio (m) (all'estero)	reis	[ræjs]
avventura (f)	avontuur	[afontɪr]
viaggio (m) (corto)	reis	[ræjs]
vacanza (f)	vakansie	[fakaŋsi]
essere in vacanza	met vakansie wees	[met fakaŋsi veəs]
riposo (m)	rus	[rus]
treno (m)	trein	[træjn]
in treno	per trein	[pər træjn]
aereo (m)	vliegtuig	[fliχtœiχ]
in aereo	per vliegtuig	[pər fliχtœiχ]
in macchina	per motor	[pər motor]
in nave	per skip	[pər skip]
bagaglio (m)	bagasie	[baχasi]
valigia (f)	tas	[tas]
carrello (m)	bagasiekarretjie	[baχasi·karrəki]
passaporto (m)	paspoort	[paspoərt]
visto (m)	visum	[fisum]
biglietto (m)	kaartjie	[kãrki]
biglietto (m) aereo	lugkaartjie	[luχ·kãrki]
guida (f)	reisgids	[ræjsχids]
carta (f) geografica	kaart	[kãrt]
località (f)	gebied	[χebit]
luogo (m)	plek	[plek]
ogetti (m pl) esotici	eksotiese dinge	[ɛksotisə diŋə]
esotico (agg)	eksoties	[ɛksotis]
sorprendente (agg)	verbasend	[ferbasent]
gruppo (m)	groep	[χrup]
escursione (f)	uitstappie	[œitstappi]
guida (f) (cicerone)	gids	[χids]

21. Hotel

albergo, hotel (m)	hotel	[hotəl]
motel (m)	motel	[motəl]
tre stelle	drie-ster	[dri-stər]

cinque stelle	vyf-ster	[fajf-stər]
alloggiare (vi)	oornag	[oərnaχ]
camera (f)	kamer	[kamər]
camera (f) singola	enkelkamer	[ɛnkəl·kamər]
camera (f) doppia	dubbelkamer	[dubbəl·kamər]
mezza pensione (f)	met aandete, bed en ontbyt	[met ãndetə], [bet en ontbajt]
pensione (f) completa	volle losies	[follə losis]
con bagno	met bad	[met bat]
con doccia	met stortbad	[met stort·bat]
televisione (f) satellitare	satelliet-TV	[satɛllit-te·fe]
condizionatore (m)	lugversorger	[luχfersorχər]
asciugamano (m)	handdoek	[handduk]
chiave (f)	sleutel	[sløətəl]
amministratore (m)	bestuurder	[bestɪrdər]
cameriera (f)	kamermeisie	[kamər·mæjsi]
portabagagli (m)	hoteljoggie	[hotəl·joχi]
portiere (m)	portier	[portir]
ristorante (m)	restaurant	[restɔurant]
bar (m)	kroeg	[kruχ]
colazione (f)	ontbyt	[ontbajt]
cena (f)	aandete	[ãndetə]
buffet (m)	buffetete	[buffetetə]
hall (f) (atrio d'ingresso)	voorportaal	[foər·portãl]
ascensore (m)	hysbak	[hajsbak]
NON DISTURBARE	MOENIE STEUR NIE	[muni støər ni]
VIETATO FUMARE!	ROOK VERBODE	[roək ferbodə]

22. Visita turistica

monumento (m)	monument	[monument]
fortezza (f)	fort	[fort]
palazzo (m)	paleis	[palæjs]
castello (m)	kasteel	[kasteəl]
torre (f)	toring	[toriŋ]
mausoleo (m)	mausoleum	[mɔusoløəm]
architettura (f)	argitektuur	[arχitektɪr]
medievale (agg)	Middeleeus	[middeliʊs]
antico (agg)	oud	[æut]
nazionale (agg)	nasionaal	[naʃionãl]
famoso (agg)	bekend	[bekent]
turista (m)	toeris	[turis]
guida (f)	gids	[χids]
escursione (f)	uitstappie	[œitstappi]
fare vedere	wys	[vajs]
raccontare (vt)	vertel	[fertəl]

trovare (vt)	vind	[fint]
perdersi (vr)	verdwaal	[ferdwãl]
mappa (f) (~ della metropolitana)	kaart	[kãrt]
piantina (f) (~ della città)	kaart	[kãrt]

souvenir (m)	aandenking	[ãndenkiŋ]
negozio (m) di articoli da regalo	geskenkwinkel	[xɛskɛnk·vinkəl]
fare foto	fotografeer	[fotoxrafeər]
fotografarsi	jou portret laat maak	[jæʊ portret lãt mãk]

MEZZI DI TRASPORTO

23. Aeroporto

aeroporto (m)	lughawe	[luχhavə]
aereo (m)	vliegtuig	[fliχtœiχ]
compagnia (f) aerea	lugredery	[luχrederaj]
controllore (m) di volo	lugverkeersleier	[luχ·ferkeərs·læjer]
partenza (f)	vertrek	[fertrek]
arrivo (m)	aankoms	[ānkoms]
arrivare (vi)	aankom	[ānkom]
ora (f) di partenza	vertrektyd	[fertrək·tajt]
ora (f) di arrivo	aankomstyd	[ānkoms·tajt]
essere ritardato	vertraag wees	[fertrāχ veəs]
volo (m) ritardato	vlugvertraging	[fluχ·fertraχiŋ]
tabellone (m) orari	informasiebord	[informasi·bort]
informazione (f)	informasie	[informasi]
annunciare (vt)	aankondig	[ānkondəχ]
volo (m)	vlug	[fluχ]
dogana (f)	doeane	[duanə]
doganiere (m)	doeanebeampte	[duanə·beamptə]
dichiarazione (f)	doeaneverklaring	[duanə·ferklariŋ]
riempire	invul	[inful]
(~ una dichiarazione)		
controllo (m) passaporti	paspoortkontrole	[paspoərt·kontrolə]
bagaglio (m)	bagasie	[baχasi]
bagaglio (m) a mano	handbagasie	[hand·baχasi]
carrello (m)	bagasiekarretjie	[baχasi·karrəki]
atterraggio (m)	landing	[landiŋ]
pista (f) di atterraggio	landingsbaan	[landiŋs·bān]
atterrare (vi)	land	[lant]
scaletta (f) dell'aereo	vliegtuigtrap	[fliχtœiχ·trap]
check-in (m)	na die vertrektoonbank	[na di fertrək·toənbank]
banco (m) del check-in	vertrektoonbank	[fertrək·toənbank]
fare il check-in	na die vertrektoonbank gaan	[na di fertrək·toənbank χān]
carta (f) d'imbarco	instapkaart	[instap·kārt]
porta (f) d'imbarco	vertrekuitgang	[fertrek·œitχaŋ]
transito (m)	transito	[traŋsito]
aspettare (vt)	wag	[vaχ]

sala (f) d'attesa	vertreksaal	[fertrək·sāl]
accompagnare (vt)	afsien	[afsin]
congedarsi (vr)	afskeid neem	[afskæjt neəm]

24. Aeroplano

aereo (m)	vliegtuig	[flixtœix]
biglietto (m) aereo	lugkaartjie	[lux·kārki]
compagnia (f) aerea	lugredery	[luxrederaj]
aeroporto (m)	lughawe	[luxhavə]
supersonico (agg)	supersonies	[supersonis]

comandante (m)	kaptein	[kaptæjn]
equipaggio (m)	bemanning	[bemanniŋ]
pilota (m)	piloot	[piloət]
hostess (f)	lugwaardin	[lux·wārdin]
navigatore (m)	navigator	[nafixator]

ali (f pl)	vlerke	[flerkə]
coda (f)	stert	[stert]
cabina (f)	stuurkajuit	[stɪr·kajœit]
motore (m)	enjin	[ɛndʒin]

| carrello (m) d'atterraggio | landingstel | [landiŋ·stəl] |
| turbina (f) | turbine | [turbinə] |

| elica (f) | skroef | [skruf] |
| scatola (f) nera | swart boks | [swart boks] |

| barra (f) di comando | stuurstang | [stɪr·staŋ] |
| combustibile (m) | brandstof | [brantstof] |

safety card (f)	veiligheidskaart	[fæjlixæjts·kārt]
maschera (f) ad ossigeno	suurstofmasker	[sɪrstof·maskər]
uniforme (f)	uniform	[uniform]

| giubbotto (m) di salvataggio | reddingsbaadjie | [rɛddiŋs·bādʒi] |
| paracadute (m) | valskerm | [fal·skerm] |

decollo (m)	opstyging	[opstajxiŋ]
decollare (vi)	opstyg	[opstajx]
pista (f) di decollo	landingsbaan	[landiŋs·bān]

| visibilità (f) | uitsig | [œitsəx] |
| volo (m) | vlug | [flux] |

| altitudine (f) | hoogte | [hoəxtə] |
| vuoto (m) d'aria | lugsak | [luxsak] |

posto (m)	sitplek	[sitplek]
cuffia (f)	koptelefoon	[kop·telefoən]
tavolinetto (m) pieghevole	voutafeltjie	[fæu·tafɛlki]
oblò (m), finestrino (m)	vliegtuigvenster	[flixtœix·fɛnstər]
corridoio (m)	paadjie	[pādʒi]

25. Treno

treno (m)	trein	[træjn]
elettrotreno (m)	voorstedelike trein	[foərstedelikə træjn]
treno (m) rapido	sneltrein	[snɛl·træjn]
locomotiva (f) diesel	diesellokomotief	[disəl·lokomotif]
locomotiva (f) a vapore	stoomlokomotief	[stoəm·lokomotif]

carrozza (f)	passasierswa	[passasirs·wa]
vagone (m) ristorante	eetwa	[eət·wa]

rotaie (f pl)	spoorstawe	[spoər·stavə]
ferrovia (f)	spoorweg	[spoər·weχ]
traversa (f)	dwarslêer	[dwarslɛər]

banchina (f) (~ ferroviaria)	perron	[perron]
binario (m) (~ 1, 2)	spoor	[spoər]
semaforo (m)	semafoor	[semafoər]
stazione (f)	stasie	[stasi]

macchinista (m)	treindrywer	[træjn·drajvər]
portabagagli (m)	portier	[portir]
cuccettista (m, f)	kondukteur	[konduktøər]
passeggero (m)	passasier	[passasir]
controllore (m)	kondukteur	[konduktøər]

corridoio (m)	gang	[χaŋ]
freno (m) di emergenza	noodrem	[noədrem]

scompartimento (m)	kompartiment	[kompartiment]
cuccetta (f)	bed	[bet]
cuccetta (f) superiore	boonste bed	[boəŋstə bet]
cuccetta (f) inferiore	onderste bed	[ondərstə bet]
biancheria (f) da letto	beddegoed	[beddə·χut]

biglietto (m)	kaartjie	[kārki]
orario (m)	diensrooster	[diŋs·roəstər]
tabellone (m) orari	informasiebord	[informasi·bort]

partire (vi)	vertrek	[fertrek]
partenza (f)	vertrek	[fertrek]
arrivare (di un treno)	aankom	[ānkom]
arrivo (m)	aankoms	[ānkoms]

arrivare con il treno	aankom per trein	[ānkom pər træjn]
salire sul treno	in die trein klim	[in di træjn klim]
scendere dal treno	uit die trein klim	[œit di træjn klim]

deragliamento (m)	treinbotsing	[træjn·botsiŋ]
deragliare (vi)	ontspoor	[ontspoər]

locomotiva (f) a vapore	stoomlokomotief	[stoəm·lokomotif]
fuochista (m)	stoker	[stokər]
forno (m)	stookplek	[stoəkplek]
carbone (m)	steenkool	[steən·koəl]

26. Nave

| nave (f) | skip | [skip] |
| imbarcazione (f) | vaartuig | [fãrtœiχ] |

piroscafo (m)	stoomboot	[stoəm·boət]
barca (f) fluviale	rivierboot	[rifir·boət]
transatlantico (m)	toerskip	[tur·skip]
incrociatore (m)	kruiser	[krœisər]

yacht (m)	jag	[jaχ]
rimorchiatore (m)	sleepboot	[sleəp·boət]
chiatta (f)	vragskuit	[fraχ·skœit]
traghetto (m)	veerboot	[feər·boət]

| veliero (m) | seilskip | [sæjl·skip] |
| brigantino (m) | skoenerbrik | [skunər·brik] |

| rompighiaccio (m) | ysbreker | [ajs·brekər] |
| sottomarino (m) | duikboot | [dœik·boət] |

barca (f)	roeiboot	[ruiboət]
scialuppa (f)	bootjie	[boəki]
scialuppa (f) di salvataggio	reddingsboot	[rɛddiŋs·boət]
motoscafo (m)	motorboot	[motor·boət]

capitano (m)	kaptein	[kaptæjn]
marittimo (m)	seeman	[seəman]
marinaio (m)	matroos	[matroəs]
equipaggio (m)	bemanning	[bemanniŋ]

nostromo (m)	bootsman	[boətsman]
mozzo (m) di nave	skeepsjonge	[skeəps·joŋə]
cuoco (m)	kok	[kok]
medico (m) di bordo	skeepsdokter	[skeəps·doktər]

ponte (m)	dek	[dek]
albero (m)	mas	[mas]
vela (f)	seil	[sæjl]

stiva (f)	skeepsruim	[skeəps·rœim]
prua (f)	boeg	[buχ]
poppa (f)	agterstewe	[aχtərstevə]
remo (m)	roeispaan	[ruis·pān]
elica (f)	skroef	[skruf]

cabina (f)	kajuit	[kajœit]
quadrato (m) degli ufficiali	offisierskajuit	[offisirs·kajœit]
sala (f) macchine	enjinkamer	[ɛndʒin·kamər]
ponte (m) di comando	brug	[bruχ]
cabina (f) radiotelegrafica	radiokamer	[radio·kamər]
onda (f)	golf	[χolf]
giornale (m) di bordo	logboek	[loχbuk]
cannocchiale (m)	verkyker	[ferkajkər]
campana (f)	bel	[bəl]

bandiera (f)	vlag	[flaχ]
cavo (m) (~ d'ormeggio)	kabel	[kabəl]
nodo (m)	knoop	[knoəp]
ringhiera (f)	dekleuning	[dek·løənin]
passerella (f)	gangplank	[χaŋ·plank]
ancora (f)	anker	[ankər]
levare l'ancora	anker lig	[ankər ləχ]
gettare l'ancora	anker uitgooi	[ankər œitχoj]
catena (f) dell'ancora	ankerketting	[ankər·kɛttiŋ]
porto (m)	hawe	[havə]
banchina (f)	kaai	[kāi]
ormeggiarsi (vr)	vasmeer	[fasmeər]
salpare (vi)	vertrek	[fertrek]
viaggio (m)	reis	[ræjs]
crociera (f)	cruise	[kru:s]
rotta (f)	koers	[kurs]
itinerario (m)	roete	[rutə]
tratto (m) navigabile	vaarwater	[fār·vatər]
secca (f)	sandbank	[sand·bank]
arenarsi (vr)	strand	[strant]
tempesta (f)	storm	[storm]
segnale (m)	sienjaal	[sinjāl]
affondare (andare a fondo)	sink	[sink]
Uomo in mare!	Man oorboord!	[man oərboərd!]
SOS	SOS	[sos]
salvagente (m) anulare	reddingsboei	[rɛddiŋs·bui]

CITTÀ

27. Mezzi pubblici in città

autobus (m)	bus	[bus]
tram (m)	trem	[trem]
filobus (m)	trembus	[trembus]
itinerario (m)	busroete	[bus·rutə]
numero (m)	nommer	[nommər]

andare in ...	ry per ...	[raj pər ...]
salire (~ sull'autobus)	inklim	[inklim]
scendere da ...	uitklim ...	[œitklim ...]

fermata (f) (~ dell'autobus)	halte	[haltə]
prossima fermata (f)	volgende halte	[folχendə haltə]
capolinea (m)	eindpunt	[æjnd·punt]
orario (m)	diensrooster	[diŋs·roəstər]
aspettare (vt)	wag	[vaχ]

biglietto (m)	kaartjie	[kārki]
prezzo (m) del biglietto	reistarief	[ræjs·tarif]

cassiere (m)	kaartjieverkoper	[kārki·ferkopər]
controllo (m) dei biglietti	kaartjiekontrole	[kārki·kontrolə]
bigliettaio (m)	kontroleur	[kontroløər]

essere in ritardo	laat wees	[lāt veəs]
perdere (~ il treno)	mis	[mis]
avere fretta	haastig wees	[hāstəχ veəs]

taxi (m)	taxi	[taksi]
taxista (m)	taxibestuurder	[taksi·bestɪrdər]

in taxi	per taxi	[pər taksi]
parcheggio (m) di taxi	taxistaanplek	[taksi·stānplek]

traffico (m)	verkeer	[ferkeər]
ingorgo (m)	verkeersknoop	[ferkeərs·knoəp]
ore (f pl) di punta	spitsuur	[spits·ɪr]
parcheggiarsi (vr)	parkeer	[parkeər]

parcheggiare (vt)	parkeer	[parkeər]
parcheggio (m)	parkeerterrein	[parkeər·terræjn]

metropolitana (f)	metro	[metro]
stazione (f)	stasie	[stasi]
prendere la metropolitana	die metro vat	[di metro fat]
treno (m)	trein	[træjn]
stazione (f) ferroviaria	treinstasie	[træjn·stasi]

28. Città. Vita di città

città (f)	stad	[stat]
capitale (f)	hoofstad	[hoəf·stat]
villaggio (m)	dorp	[dorp]
mappa (f) della città	stadskaart	[stats·kārt]
centro (m) della città	sentrum	[sentrum]
sobborgo (m)	voorstad	[foərstat]
suburbano (agg)	voorstedelik	[foərstedelik]
periferia (f)	buitewyke	[bœitəvajkə]
dintorni (m pl)	omgewing	[omχeviŋ]
isolato (m)	stadswyk	[stats·wajk]
quartiere residenziale	woonbuurt	[voənbɪrt]
traffico (m)	verkeer	[ferkeər]
semaforo (m)	robot	[robot]
trasporti (m pl) urbani	openbare vervoer	[openbarə ferfur]
incrocio (m)	kruispunt	[krœis·punt]
passaggio (m) pedonale	sebraoorgang	[sebra·oərχaŋ]
sottopassaggio (m)	voetgangertonnel	[futχaŋər·tonnəl]
attraversare (vt)	oorsteek	[oərsteək]
pedone (m)	voetganger	[futχaŋər]
marciapiede (m)	sypaadjie	[saj·pādʒi]
ponte (m)	brug	[bruχ]
banchina (f)	wal	[val]
fontana (f)	fontein	[fontæjn]
vialetto (m)	laning	[laniŋ]
parco (m)	park	[park]
boulevard (m)	boulevard	[bulefar]
piazza (f)	plein	[plæjn]
viale (m), corso (m)	laan	[lān]
via (f), strada (f)	straat	[strāt]
vicolo (m)	systraat	[saj·strāt]
vicolo (m) cieco	doodloopstraat	[doədloəp·strāt]
casa (f)	huis	[hœis]
edificio (m)	gebou	[χebæʊ]
grattacielo (m)	wolkekrabber	[volkə·krabbər]
facciata (f)	gewel	[χevəl]
tetto (m)	dak	[dak]
finestra (f)	venster	[fɛŋstər]
arco (m)	arkade	[arkadə]
colonna (f)	kolom	[kolom]
angolo (m)	hoek	[huk]
vetrina (f)	uitstalraam	[œitstalrām]
insegna (f) (di negozi, ecc.)	reklamebord	[reklamə·bort]
cartellone (m)	plakkaat	[plakkāt]
cartellone (m) pubblicitario	reklameplakkaat	[reklamə·plakkāt]

tabellone (m) pubblicitario	aanplakbord	[ānplakbort]
pattume (m), spazzatura (f)	vullis	[fullis]
pattumiera (f)	vullisbak	[fullis·bak]
sporcare (vi)	rommel strooi	[romməl stroj]
discarica (f) di rifiuti	vullishoop	[fullis·hoəp]
cabina (f) telefonica	telefoonhokkie	[telefoən·hokki]
lampione (m)	lamppaal	[lamp·pāl]
panchina (f)	bank	[bank]
poliziotto (m)	polisieman	[polisi·man]
polizia (f)	polisie	[polisi]
mendicante (m)	bedelaar	[bedelār]
barbone (m)	daklose	[daklosə]

29. Servizi cittadini

negozio (m)	winkel	[vinkəl]
farmacia (f)	apteek	[apteək]
ottica (f)	optisiën	[optisiɛn]
centro (m) commerciale	winkelsentrum	[vinkəl·sentrum]
supermercato (m)	supermark	[supermark]
panetteria (f)	bakkery	[bakkeraj]
fornaio (m)	bakker	[bakkər]
pasticceria (f)	banketbakkery	[banket·bakkeraj]
drogheria (f)	kruidenierswinkel	[krœidenirs·vinkəl]
macelleria (f)	slagter	[slaχtər]
fruttivendolo (m)	groentewinkel	[χruntə·vinkəl]
mercato (m)	mark	[mark]
caffè (m)	koffiekroeg	[koffi·kruχ]
ristorante (m)	restaurant	[restourant]
birreria (f), pub (m)	kroeg	[kruχ]
pizzeria (f)	pizzeria	[pizzeria]
salone (m) di parrucchiere	haarsalon	[hār·salon]
ufficio (m) postale	poskantoor	[pos·kantoər]
lavanderia (f) a secco	droogskoonmakers	[droəχ·skoən·makers]
studio (m) fotografico	fotostudio	[foto·studio]
negozio (m) di scarpe	skoenwinkel	[skun·vinkəl]
libreria (f)	boekhandel	[buk·handəl]
negozio (m) sportivo	sportwinkel	[sport·vinkəl]
riparazione (f) di abiti	klereherstelwinkel	[klerə·herstəl·vinkəl]
noleggio (m) di abiti	klereverhuurwinkel	[klerə·ferhɪr·vinkəl]
noleggio (m) di film	videowinkel	[video·vinkəl]
circo (m)	sirkus	[sirkus]
zoo (m)	dieretuin	[dirə·tœin]
cinema (m)	bioskoop	[bioskoəp]
museo (m)	museum	[musøəm]

biblioteca (f)	biblioteek	[biblioteek]
teatro (m)	teater	[teater]
teatro (m) dell'opera	opera	[opera]
locale notturno (m)	nagklub	[naχ·klup]
casinò (m)	kasino	[kasino]

moschea (f)	moskee	[moskeə]
sinagoga (f)	sinagoge	[sinaχoχə]
cattedrale (f)	katedraal	[katedrāl]
tempio (m)	tempel	[tempəl]
chiesa (f)	kerk	[kerk]

istituto (m)	kollege	[kolleʤ]
università (f)	universiteit	[unifersitæjt]
scuola (f)	skool	[skoəl]

prefettura (f)	stadhuis	[stat·hœis]
municipio (m)	stadhuis	[stat·hœis]
albergo, hotel (m)	hotel	[hotəl]
banca (f)	bank	[bank]

ambasciata (f)	ambassade	[ambassadə]
agenzia (f) di viaggi	reisagentskap	[ræjs·aχentskap]
ufficio (m) informazioni	inligtingskantoor	[inliχtiŋs·kantoər]
ufficio (m) dei cambi	wisselkantoor	[vissel·kantoər]

| metropolitana (f) | metro | [metro] |
| ospedale (m) | hospitaal | [hospitāl] |

| distributore (m) di benzina | petrolstasie | [petrol·stasi] |
| parcheggio (m) | parkeerterrein | [parkeər·terræjn] |

30. Cartelli

insegna (f) (di negozi, ecc.)	reklamebord	[reklame·bort]
iscrizione (f)	kennisgewing	[kɛnnis·χeviŋ]
cartellone (m)	plakkaat	[plakkāt]
segnale (m) di direzione	rigtingwyser	[riχtiŋ·wajsər]
freccia (f)	pyl	[pajl]

avvertimento (m)	waarskuwing	[vārskuviŋ]
avviso (m)	waarskuwingsbord	[vārskuviŋs·bort]
avvertire, avvisare (vt)	waarsku	[vārsku]

giorno (m) di riposo	rusdag	[rusdaχ]
orario (m)	diensrooster	[diŋs·roestər]
orario (m) di apertura	besigheidsure	[besiχæjts·urə]

BENVENUTI!	WELKOM!	[vɛlkom!]
ENTRATA	INGANG	[inχaŋ]
USCITA	UITGANG	[œitχaŋ]

| SPINGERE | STOOT | [stoət] |
| TIRARE | TREK | [trek] |

| APERTO | OOP | [oəp] |
| CHIUSO | GESLUIT | [χeslœit] |

| DONNE | DAMES | [dames] |
| UOMINI | MANS | [maŋs] |

SCONTI	AFSLAG	[afslaχ]
SALDI	UITVERKOPING	[œitferkopiŋ]
NOVITÀ!	NUUT!	[nɪt!]
GRATIS	GRATIS	[χratis]

ATTENZIONE!	PAS OP!	[pas op!]
COMPLETO	VOLBESPREEK	[folbespreek]
RISERVATO	BESPREEK	[bespreek]

AMMINISTRAZIONE	ADMINISTRASIE	[administrasi]
RISERVATO	SLEGS PERSONEEL	[sleχs personeel]
AL PERSONALE		

ATTENTI AL CANE	PAS OP VIR DIE HOND!	[pas op fir di hont!]
VIETATO FUMARE!	ROOK VERBODE	[roek ferbodə]
NON TOCCARE	NIE AANRAAK NIE!	[ni ānrāk ni!]

PERICOLOSO	GEVAARLIK	[χefārlik]
PERICOLO	GEVAAR	[χefār]
ALTA TENSIONE	HOOGSPANNING	[hoəχ·spanniŋ]
DIVIETO DI BALNEAZIONE	NIE SWEM NIE	[ni swem ni]
GUASTO	BUITE WERKING	[bœitə verkiŋ]

INFIAMMABILE	ONTVLAMBAAR	[ontflambār]
VIETATO	VERBODE	[ferbodə]
VIETATO L'INGRESSO	TOEGANG VERBODE!	[tuχaŋ ferbode!]
VERNICE FRESCA	NAT VERF	[nat ferf]

31. Acquisti

comprare (vt)	koop	[koəp]
acquisto (m)	aankoop	[ānkoəp]
fare acquisti	inkopies doen	[inkopis dun]
shopping (m)	inkoop	[inkoəp]

| essere aperto (negozio) | oop wees | [oəp veəs] |
| essere chiuso | toe wees | [tu veəs] |

calzature (f pl)	skoeisel	[skuisəl]
abbigliamento (m)	klere	[klerə]
cosmetica (f)	kosmetika	[kosmetika]
alimentari (m pl)	voedingsware	[fudiŋs·warə]
regalo (m)	present	[present]

commesso (m)	verkoper	[ferkopər]
commessa (f)	verkoopsdame	[ferkoəps·damə]
cassa (f)	kassier	[kassir]
specchio (m)	spieël	[spiɛl]

| banco (m) | toonbank | [toən·bank] |
| camerino (m) | paskamer | [pas·kamər] |

provare (~ un vestito)	aanpas	[ānpas]
stare bene (vestito)	pas	[pas]
piacere (vi)	hou van	[hæʋ fan]

prezzo (m)	prys	[prajs]
etichetta (f) del prezzo	pryskaartjie	[prajs·kārki]
costare (vt)	kos	[kos]
Quanto?	Hoeveel?	[hufeəl?]
sconto (m)	afslag	[afslaχ]

no muy caro (agg)	billik	[billik]
a buon mercato	goedkoop	[χudkoəp]
caro (agg)	duur	[dɪr]
È caro	dis duur	[dis dɪr]

noleggio (m)	verhuur	[ferhɪr]
noleggiare (~ un abito)	verhuur	[ferhɪr]
credito (m)	krediet	[krediet]
a credito	op krediet	[op krediet]

ABBIGLIAMENTO E ACCESSORI

32. Indumenti. Soprabiti

vestiti (m pl)	klere	[klerə]
soprabito (m)	oorklere	[oərklerə]
abiti (m pl) invernali	winterklere	[vintər·klerə]
cappotto (m)	jas	[jas]
pelliccia (f)	pelsjas	[pelʃas]
pellicciotto (m)	kort pelsjas	[kort pelʃas]
piumino (m)	donsjas	[donʃas]
giubbotto (m), giaccha (f)	baadjie	[bādʒi]
impermeabile (m)	reënjas	[rɛɛnjas]
impermeabile (agg)	waterdig	[vatərdəχ]

33. Abbigliamento uomo e donna

camicia (f)	hemp	[hemp]
pantaloni (m pl)	broek	[bruk]
jeans (m pl)	denimbroek	[denim·bruk]
giacca (f) (~ di tweed)	baadjie	[bādʒi]
abito (m) da uomo	pak	[pak]
abito (m)	rok	[rok]
gonna (f)	romp	[romp]
camicetta (f)	bloes	[blus]
giacca (f) a maglia	gebreide baadjie	[χebræjdə bādʒi]
giacca (f) tailleur	baadjie	[bādʒi]
maglietta (f)	T-hemp	[te-hemp]
pantaloni (m pl) corti	kortbroek	[kort·bruk]
tuta (f) sportiva	sweetpak	[sweet·pak]
accappatoio (m)	badjas	[batjas]
pigiama (m)	pajama	[pajama]
maglione (m)	trui	[trœi]
pullover (m)	trui	[trœi]
gilè (m)	onderbaadjie	[ondər·bādʒi]
frac (m)	swaelstertbaadjie	[swaɛlstert·bādʒi]
smoking (m)	aandpak	[āntpak]
uniforme (f)	uniform	[uniform]
tuta (f) da lavoro	werksklere	[verks·klerə]
salopette (f)	oorpak	[oərpak]
camice (m) (~ del dottore)	jas	[jas]

41

34. Abbigliamento. Biancheria intima

biancheria (f) intima	onderklere	[ondərklerə]
boxer (m pl)	onderbroek	[ondərbruk]
mutandina (f)	onderbroek	[ondərbruk]
maglietta (f) intima	frokkie	[frokki]
calzini (m pl)	sokkies	[sokkis]
camicia (f) da notte	nagrok	[naχrok]
reggiseno (m)	bra	[bra]
calzini (m pl) alti	kniekouse	[kni·kæʊsə]
collant (m)	kousbroek	[kæʊsbruk]
calze (f pl)	kouse	[kæʊsə]
costume (m) da bagno	baaikostuum	[bāj·kostɪm]

35. Copricapo

cappello (m)	hoed	[hut]
cappello (m) di feltro	hoed	[hut]
cappello (m) da baseball	bofbalpet	[bofbal·pet]
coppola (f)	pet	[pet]
basco (m)	mus	[mus]
cappuccio (m)	kap	[kap]
panama (m)	panamahoed	[panama·hut]
berretto (m) a maglia	gebreide mus	[χebræjdə mus]
fazzoletto (m) da capo	kopdoek	[kopduk]
cappellino (m) donna	dameshoed	[dames·hut]
casco (m) (~ di sicurezza)	veiligheidshelm	[fæjliχæjts·hɛlm]
bustina (f)	mus	[mus]
casco (m) (~ moto)	helmet	[hɛlmet]
bombetta (f)	bolhoed	[bolhut]
cilindro (m)	hoëhoed	[hoɛhut]

36. Calzature

calzature (f pl)	skoeisel	[skuisəl]
stivaletti (m pl)	mansskoene	[maŋs·skunə]
scarpe (f pl)	damesskoene	[dames·skunə]
stivali (m pl)	laarse	[lārsə]
pantofole (f pl)	pantoffels	[pantoffəls]
scarpe (f pl) da tennis	tennisskoene	[tɛnnis·skunə]
scarpe (f pl) da ginnastica	tekkies	[tɛkkis]
sandali (m pl)	sandale	[sandalə]
calzolaio (m)	skoenmaker	[skun·makər]
tacco (m)	hak	[hak]

paio (m)	paar	[pãr]
laccio (m)	skoenveter	[skun·fetər]
allacciare (vt)	ryg	[rajχ]
calzascarpe (m)	skoenlepel	[skun·lepəl]
lucido (m) per le scarpe	skoenpolitoer	[skun·politur]

37. Accessori personali

guanti (m pl)	handskoene	[handskunə]
manopole (f pl)	duimhandskoene	[dœim·handskunə]
sciarpa (f)	serp	[serp]

occhiali (m pl)	bril	[bril]
montatura (f)	raam	[rãm]
ombrello (m)	sambreel	[sambreəl]
bastone (m)	wandelstok	[vandəl·stok]
spazzola (f) per capelli	haarborsel	[hãr·borsəl]
ventaglio (m)	waaier	[vãjer]

cravatta (f)	das	[das]
cravatta (f) a farfalla	strikkie	[strikki]
bretelle (f pl)	kruisbande	[krœis·bandə]
fazzoletto (m)	sakdoek	[sakduk]

pettine (m)	kam	[kam]
fermaglio (m)	haarspeld	[hãrs·pɛlt]
forcina (f)	haarpen	[hãr·pen]
fibbia (f)	gespe	[χespə]

cintura (f)	belt	[bɛlt]
spallina (f)	skouerband	[skæuer·bant]

borsa (f)	handsak	[hand·sak]
borsetta (f)	beursie	[bøərsi]
zaino (m)	rugsak	[ruχsak]

38. Abbigliamento. Varie

moda (f)	mode	[modə]
di moda	in die mode	[in di modə]
stilista (m)	modeontwerper	[modə·ontwerpər]

collo (m)	kraag	[krãχ]
tasca (f)	sak	[sak]
tascabile (agg)	sak-	[sak-]
manica (f)	mou	[mæu]
asola (f) per appendere	lussie	[lussi]
patta (f) (~ dei pantaloni)	gulp	[χulp]

cerniera (f) lampo	ritssluiter	[rits·slœiter]
chiusura (f)	vasmaker	[fasmakər]
bottone (m)	knoop	[knoəp]

43

| occhiello (m) | knoopsgat | [knoəps·χat] |
| staccarsi (un bottone) | loskom | [loskom] |

cucire (vi, vt)	naai	[nāi]
ricamare (vi, vt)	borduur	[bordɪr]
ricamo (m)	borduurwerk	[bordɪr·werk]
ago (m)	naald	[nālt]
filo (m)	garing	[χariŋ]
cucitura (f)	soom	[soəm]

sporcarsi (vr)	vuil word	[fœil vort]
macchia (f)	vlek	[flek]
sgualcirsi (vr)	kreukel	[krøəkəl]
strappare (vt)	skeur	[skøər]
tarma (f)	mot	[mot]

39. Cura della persona. Cosmetici

dentifricio (m)	tandepasta	[tandə·pasta]
spazzolino (m) da denti	tandeborsel	[tandə·borsəl]
lavarsi i denti	tande borsel	[tandə borsəl]

rasoio (m)	skeermes	[skeər·mes]
crema (f) da barba	skeerroom	[skeər·roəm]
rasarsi (vr)	skeer	[skeər]

| sapone (m) | seep | [seəp] |
| shampoo (m) | sjampoe | [ʃampu] |

forbici (f pl)	skêr	[skær]
limetta (f)	naelvyl	[naɛl·fajl]
tagliaunghie (m)	naelknipper	[naɛl·knippər]
pinzette (f pl)	haartangetjie	[hārtaŋəki]

cosmetica (f)	kosmetika	[kosmetika]
maschera (f) di bellezza	gesigmasker	[χesiχ·maskər]
manicure (m)	manikuur	[manikɪr]
fare la manicure	laat manikuur	[lāt manikɪr]
pedicure (m)	voetbehandeling	[fut·behandeliŋ]

borsa (f) del trucco	kosmetika tassie	[kosmetika tassi]
cipria (f)	gesigpoeier	[χesiχ·pujer]
portacipria (m)	poeierdosie	[pujer·dosi]
fard (m)	blosser	[blossər]

profumo (m)	parfuum	[parfɪm]
acqua (f) da toeletta	reukwater	[røək·vatər]
lozione (f)	vloeiroom	[flui·roəm]
acqua (f) di Colonia	reukwater	[røək·vatər]

ombretto (m)	oogskadu	[oəχ·skadu]
eyeliner (m)	oogomlyner	[oəχ·omlajnər]
mascara (m)	maskara	[maskara]
rossetto (m)	lipstiffie	[lip·stiffi]

smalto (m)	naellak	[naɛl·lak]
lacca (f) per capelli	haarsproei	[hārs·prui]
deodorante (m)	reukweermiddel	[røek·veərmiddəl]

crema (f)	room	[roəm]
crema (f) per il viso	gesigroom	[xesiχ·roəm]
crema (f) per le mani	handroom	[hand·roəm]
crema (f) antirughe	antirimpelroom	[antirimpəl·roəm]
crema (f) da giorno	dagroom	[daχ·roəm]
crema (f) da notte	nagroom	[naχ·roəm]
da giorno	dag-	[daχ-]
da notte	nag-	[naχ-]

tampone (m)	tampon	[tampon]
carta (f) igienica	toiletpapier	[tojlet·papir]
fon (m)	haardroër	[hār·droɛr]

40. Orologi da polso. Orologio

orologio (m) (~ da polso)	polshorlosie	[pols·horlosi]
quadrante (m)	wyserplaat	[vajsər·plāt]
lancetta (f)	wyster	[vajstər]
braccialetto (m)	metaal horlosiebandjie	[metāl horlosi·bandʒi]
cinturino (m)	horlosiebandjie	[horlosi·bandʒi]

pila (f)	battery	[battəraj]
essere scarico	pap wees	[pap veəs]
andare avanti	voorloop	[foərloəp]
andare indietro	agterloop	[aχtərloəp]

orologio (m) da muro	muurhorlosie	[mɪr·horlosi]
clessidra (f)	uurglas	[ɪr·χlas]
orologio (m) solare	sonwyser	[son·wajsər]
sveglia (f)	wekker	[vɛkkər]
orologiaio (m)	horlosiemaker	[horlosi·makər]
riparare (vt)	herstel	[herstəl]

L'ESPERIENZA QUOTIDIANA

41. Denaro

soldi (m pl)	geld	[χεlt]
cambio (m)	valutaruil	[faluta·rœil]
corso (m) di cambio	wisselkoers	[vissəl·kurs]
bancomat (m)	OTM	[o·te·em]
moneta (f)	muntstuk	[muntstuk]
dollaro (m)	dollar	[dollar]
euro (m)	euro	[øəro]
lira (f)	lira	[lira]
marco (m)	Duitse mark	[dœitsə mark]
franco (m)	frank	[frank]
sterlina (f)	pond sterling	[pont sterliŋ]
yen (m)	yen	[jɛn]
debito (m)	skuld	[skult]
debitore (m)	skuldenaar	[skuldenãr]
prestare (~ i soldi)	uitleen	[œitleən]
prendere in prestito	leen	[leən]
banca (f)	bank	[bank]
conto (m)	rekening	[rekəniŋ]
versare (vt)	deponeer	[deponeər]
prelevare dal conto	trek	[trek]
carta (f) di credito	kredietkaart	[kredit·kãrt]
contanti (m pl)	kontant	[kontant]
assegno (m)	tjek	[ʧek]
libretto (m) di assegni	tjekboek	[ʧek·buk]
portafoglio (m)	beursie	[bøərsi]
borsellino (m)	muntstukbeursie	[muntstuk·bøərsi]
cassaforte (f)	brandkas	[brant·kas]
erede (m)	erfgenaam	[ɛrfχənãm]
eredità (f)	erfenis	[ɛrfenis]
fortuna (f)	fortuin	[fortœin]
affitto (m), locazione (f)	huur	[hɪr]
canone (m) d'affitto	huur	[hɪr]
affittare (dare in affitto)	huur	[hɪr]
prezzo (m)	prys	[prajs]
costo (m)	prys	[prajs]
somma (f)	som	[som]
spendere (vt)	spandeer	[spandeər]

spese (f pl)	onkoste	[onkostə]
economizzare (vi, vt)	besuinig	[besœinəχ]
economico (agg)	ekonomies	[εkonomis]

pagare (vi, vt)	betaal	[betāl]
pagamento (m)	betaling	[betaliŋ]
resto (m) (dare il ~)	wisselgeld	[vissəl·χεlt]

imposta (f)	belasting	[belastiŋ]
multa (f), ammenda (f)	boete	[butə]
multare (vt)	beboet	[bebut]

42. Posta. Servizio postale

ufficio (m) postale	poskantoor	[pos·kantoər]
posta (f) (lettere, ecc.)	pos	[pos]
postino (m)	posbode	[pos·bodə]
orario (m) di apertura	besigheidsure	[besiχæjts·urə]

lettera (f)	brief	[brif]
raccomandata (f)	geregistreerde brief	[χereχistreərdə brif]
cartolina (f)	poskaart	[pos·kārt]
telegramma (m)	telegram	[teleχram]
pacco (m) postale	pakkie	[pakki]
vaglia (m) postale	geldoorplasing	[χεld·oərplasiŋ]

ricevere (vt)	ontvang	[ontfaŋ]
spedire (vt)	stuur	[stɪr]
invio (m)	versending	[fersendiŋ]

indirizzo (m)	adres	[adres]
codice (m) postale	poskode	[pos·kodə]
mittente (m)	sender	[sendər]
destinatario (m)	ontvanger	[ontfaŋər]

| nome (m) | voornaam | [foərnām] |
| cognome (m) | van | [fan] |

tariffa (f)	postarief	[pos·tarif]
ordinario (agg)	standaard	[standārt]
standard (agg)	ekonomies	[εkonomis]

peso (m)	gewig	[χeveχ]
pesare (vt)	weeg	[veəχ]
busta (f)	koevert	[kufert]
francobollo (m)	posseël	[pos·seεl]

43. Attività bancaria

banca (f)	bank	[bank]
filiale (f)	tak	[tak]
consulente (m)	bankklerk	[bank·klerk]

direttore (m)	bestuurder	[bestɪrdər]
conto (m) bancario	bankrekening	[bank·rekəniŋ]
numero (m) del conto	rekeningnommer	[rekəniŋ·nommər]
conto (m) corrente	tjekrekening	[ʧek·rekəniŋ]
conto (m) di risparmio	spaarrekening	[spãr·rekəniŋ]

| chiudere il conto | die rekening sluit | [di rekəniŋ slœit] |
| prelevare dal conto | trek | [trek] |

deposito (m)	deposito	[deposito]
trasferimento (m) telegrafico	telegrafiese oorplasing	[teleχrafisə oərplasiŋ]
rimettere i soldi	oorplaas	[oərplãs]

| somma (f) | som | [som] |
| Quanto? | Hoeveel? | [hufeəl?] |

| firma (f) | handtekening | [hand·tekəniŋ] |
| firmare (vt) | onderteken | [ondərtekən] |

carta (f) di credito	kredietkaart	[kredit·kãrt]
codice (m)	kode	[kodə]
numero (m) della carta di credito	kredietkaartnommer	[kredit·kãrt·nommər]
bancomat (m)	OTM	[o·te·em]

| assegno (m) | tjek | [ʧek] |
| libretto (m) di assegni | tjekboek | [ʧek·buk] |

| prestito (m) | lening | [leniŋ] |
| garanzia (f) | waarborg | [vãrborχ] |

44. Telefono. Conversazione telefonica

telefono (m)	telefoon	[telefoən]
telefonino (m)	selfoon	[sɛlfoən]
segreteria (f) telefonica	antwoordmasjien	[antwoərt·maʃin]

| telefonare (vi, vt) | bel | [bəl] |
| chiamata (f) | oproep | [oprup] |

Pronto!	Hallo!	[hallo!]
chiedere (domandare)	vra	[fra]
rispondere (vi, vt)	antwoord	[antwoərt]

udire (vt)	hoor	[hoər]
bene	goed	[χut]
male	nie goed nie	[ni χut ni]
disturbi (m pl)	steurings	[støəriŋs]

cornetta (f)	gehoorstuk	[χehoərstuk]
alzare la cornetta	optel	[optəl]
riattaccare la cornetta	afskakel	[afskakəl]
occupato (agg)	besig	[besəχ]
squillare (del telefono)	lui	[lœi]

48

elenco (m) telefonico	telefoongids	[telefoən·χids]
locale (agg)	lokale	[lokalə]
telefonata (f) urbana	lokale oproep	[lokalə oprup]
interurbano (agg)	langafstand	[lanχ·afstant]
telefonata (f) interurbana	langafstand oproep	[lanχ·afstant oprup]
internazionale (agg)	internasionale	[internaʃionalə]
telefonata (f) internazionale	internasionale oproep	[internaʃionalə oprup]

45. Telefono cellulare

telefonino (m)	selfoon	[sɛlfoən]
schermo (m)	skerm	[skerm]
tasto (m)	knoppie	[knɔppi]
scheda SIM (f)	SIMkaart	[sim·kãrt]

pila (f)	battery	[battəraj]
essere scarico	pap wees	[pap veəs]
caricabatteria (m)	batterylaaier	[battəraj·lajer]

menù (m)	spyskaart	[spajs·kãrt]
impostazioni (f pl)	instellings	[instɛlliŋs]
melodia (f)	wysie	[vajsi]
scegliere (vt)	kies	[kis]

calcolatrice (f)	sakrekenaar	[sakrekənãr]
segreteria (f) telefonica	stempos	[stem·pos]
sveglia (f)	wekker	[vɛkkər]
contatti (m pl)	kontakte	[kontaktə]

| messaggio (m) SMS | SMS | [es·em·es] |
| abbonato (m) | intekenaar | [intekənãr] |

46. Articoli di cancelleria

| penna (f) a sfera | bolpen | [bol·pen] |
| penna (f) stilografica | vulpen | [ful·pen] |

matita (f)	potlood	[potloət]
evidenziatore (m)	merkpen	[merk·pen]
pennarello (m)	viltpen	[filt·pen]

| taccuino (m) | notaboekie | [nota·buki] |
| agenda (f) | dagboek | [daχ·buk] |

righello (m)	liniaal	[liniãl]
calcolatrice (f)	sakrekenaar	[sakrekənãr]
gomma (f) per cancellare	uitveër	[œitfeɛr]
puntina (f)	duimspyker	[dœim·spajkər]
graffetta (f)	skuifspeld	[skœif·spɛlt]

| colla (f) | gom | [χom] |
| pinzatrice (f) | krammasjien | [kram·maʃin] |

| perforatrice (f) | ponsmasjien | [poŋs·maʃin] |
| temperamatite (m) | skerpmaker | [skerp·makər] |

47. Lingue straniere

lingua (f)	taal	[tāl]
straniero (agg)	vreemd	[freəmt]
lingua (f) straniera	vreemde taal	[freəmdə tāl]
studiare (vt)	studeer	[studeər]
imparare (una lingua)	leer	[leər]

leggere (vi, vt)	lees	[leəs]
parlare (vi, vt)	praat	[prāt]
capire (vt)	verstaan	[ferstān]
scrivere (vi, vt)	skryf	[skrajf]

rapidamente	vinnig	[finnəχ]
lentamente	stadig	[stadəχ]
correntemente	vlot	[flot]

regole (f pl)	reëls	[reɛls]
grammatica (f)	grammatika	[χrammatika]
lessico (m)	woordeskat	[voərdeskat]
fonetica (f)	fonetika	[fonetika]

manuale (m)	handboek	[hand·buk]
dizionario (m)	woordeboek	[voərdə·buk]
manuale (m) autodidattico	selfstudie boek	[sɛlfstudi buk]
frasario (m)	taalgids	[tāl·χids]

cassetta (f)	kasset	[kasset]
videocassetta (f)	videoband	[video·bant]
CD (m)	CD	[se·de]
DVD (m)	DVD	[de·fe·de]

alfabeto (m)	alfabet	[alfabet]
compitare (vt)	spel	[spel]
pronuncia (f)	uitspraak	[œitsprāk]
accento (m)	aksent	[aksent]

| vocabolo (m) | woord | [voərt] |
| significato (m) | betekenis | [betekənis] |

corso (m) (~ di francese)	kursus	[kursus]
iscriversi (vr)	inskryf	[inskrajf]
insegnante (m, f)	onderwyser	[ondərwajsər]

traduzione (f) (fare una ~)	vertaling	[fertaliŋ]
traduzione (f) (un testo)	vertaling	[fertaliŋ]
traduttore (m)	vertaler	[fertalər]
interprete (m)	tolk	[tolk]

| poliglotta (m) | poliglot | [poliχlot] |
| memoria (f) | geheue | [χəhøə] |

PASTI. RISTORANTE

48. Preparazione della tavola

cucchiaio (m)	lepel	[lepəl]
coltello (m)	mes	[mes]
forchetta (f)	vurk	[furk]
tazza (f)	koppie	[koppi]
piatto (m)	bord	[bort]
piattino (m)	piering	[piriŋ]
tovagliolo (m)	servet	[serfət]
stuzzicadenti (m)	tandestokkie	[tandə·stokki]

49. Ristorante

ristorante (m)	restaurant	[restɔurant]
caffè (m)	koffiekroeg	[koffi·kruχ]
pub (m), bar (m)	kroeg	[kruχ]
sala (f) da tè	teekamer	[teə·kamər]
cameriere (m)	kelner	[kɛlnər]
cameriera (f)	kelnerin	[kɛlnərin]
barista (m)	kroegman	[kruχman]
menù (m)	spyskaart	[spajs·kārt]
lista (f) dei vini	wyn	[vajn]
prenotare un tavolo	wynkaart	[vajn·kārt]
piatto (m)	gereg	[χerəχ]
ordinare (~ il pranzo)	bestel	[bestəl]
fare un'ordinazione	bestel	[bestəl]
aperitivo (m)	drankie	[dranki]
antipasto (m)	voorgereg	[foərχerəχ]
dolce (m)	nagereg	[naχerəχ]
conto (m)	rekening	[rekəniŋ]
pagare il conto	die rekening betaal	[di rekəniŋ betāl]
dare il resto	kleingeld gee	[klæjn·χɛlt χeə]
mancia (f)	fooitjie	[fojki]

50. Pasti

cibo (m)	kos	[kos]
mangiare (vi, vt)	eet	[eət]

colazione (f)	ontbyt	[ontbajt]
fare colazione	ontbyt	[ontbajt]
pranzo (m)	middagete	[middaχ·etə]
pranzare (vi)	gaan eet	[χān eet]
cena (f)	aandete	[āndetə]
cenare (vi)	aandete gebruik	[āndetə χebrœik]

| appetito (m) | aptyt | [aptajt] |
| Buon appetito! | Smaaklike ete! | [smāklikə etə!] |

aprire (vt)	oopmaak	[oəpmāk]
rovesciare (~ il vino, ecc.)	mors	[mors]
rovesciarsi (vr)	mors	[mors]

bollire (vi)	kook	[koək]
far bollire	kook	[koək]
bollito (agg)	gekook	[χekoək]
raffreddare (vt)	laat afkoel	[lāt afkul]
raffreddarsi (vr)	afkoel	[afkul]

| gusto (m) | smaak | [smāk] |
| retrogusto (m) | nasmaak | [nasmāk] |

essere a dieta	vermaer	[fermaər]
dieta (f)	dieet	[diət]
vitamina (f)	vitamien	[fitamin]
caloria (f)	kalorie	[kalori]
vegetariano (m)	vegetariër	[feχetariɛr]
vegetariano (agg)	vegetaries	[feχetaris]

grassi (m pl)	vette	[fɛttə]
proteine (f pl)	proteïen	[proteïen]
carboidrati (m pl)	koolhidrate	[koəlhidratə]

fetta (f), fettina (f)	snytjie	[snajki]
pezzo (m) (~ di torta)	stuk	[stuk]
briciola (f) (~ di pane)	krummel	[krumməl]

51. Pietanze cucinate

piatto (m) (~ principale)	gereg	[χerəχ]
cucina (f)	kookkuns	[koək·kuns]
ricetta (f)	resep	[resep]
porzione (f)	porsie	[porsi]

| insalata (f) | slaai | [slāi] |
| minestra (f) | sop | [sop] |

brodo (m)	helder sop	[hɛldər sop]
panino (m)	toebroodjie	[tubroədʒi]
uova (f pl) al tegamino	gabakte eiers	[χabaktə æjers]

| hamburger (m) | hamburger | [hamburχər] |
| bistecca (f) | biefstuk | [bifstuk] |

contorno (m)	sygereg	[saj·χerəχ]
spaghetti (m pl)	spaghetti	[spaχɛtti]
purè (m) di patate	kapokaartappels	[kapok·ārtappəls]
pizza (f)	pizza	[pizza]
porridge (m)	pap	[pap]
frittata (f)	omelet	[oməlet]

bollito (agg)	gekook	[χekoək]
affumicato (agg)	gerook	[χeroək]
fritto (agg)	gebak	[χebak]
secco (agg)	gedroog	[χedroəχ]
congelato (agg)	gevries	[χefris]
sottoaceto (agg)	gepiekel	[χepikəl]

dolce (gusto)	soet	[sut]
salato (agg)	sout	[sæʊt]
freddo (agg)	koud	[kæʊt]
caldo (agg)	warm	[varm]
amaro (agg)	bitter	[bittər]
buono, gustoso (agg)	smaaklik	[smāklik]

cuocere, preparare (vt)	kook in water	[koək in vatər]
cucinare (vi)	kook	[koək]
friggere (vt)	braai	[braj]
riscaldare (vt)	opwarm	[opwarm]

salare (vt)	sout	[sæʊt]
pepare (vt)	peper	[pepər]
grattugiare (vt)	rasp	[rasp]
buccia (f)	skil	[skil]
sbucciare (vt)	skil	[skil]

52. Cibo

carne (f)	vleis	[flæjs]
pollo (m)	hoender	[hundər]
pollo (m) novello	braaikuiken	[brāj·kœiken]
anatra (f)	eend	[eent]
oca (f)	gans	[χaŋs]
cacciagione (f)	wild	[vilt]
tacchino (m)	kalkoen	[kalkun]

maiale (m)	varkvleis	[fark·flæjs]
vitello (m)	kalfsvleis	[kalfs·flæjs]
agnello (m)	lamsvleis	[lams·flæjs]
manzo (m)	beesvleis	[bees·flæjs]
coniglio (m)	konynvleis	[konajn·flæjs]

salame (m)	wors	[vors]
w?rstel (m)	Weense worsie	[veɛŋsə vorsi]
pancetta (f)	spek	[spek]
prosciutto (m)	ham	[ham]
prosciutto (m) affumicato	gerookte ham	[χeroəktə ham]
pâté (m)	patee	[pateə]

fegato (m)	lewer	[levər]
carne (f) trita	maalvleis	[māl·flæjs]
lingua (f)	tong	[toŋ]

uovo (m)	eier	[æjer]
uova (f pl)	eiers	[æjers]
albume (m)	eierwit	[æjer·wit]
tuorlo (m)	dooier	[dojer]

pesce (m)	vis	[fis]
frutti (m pl) di mare	seekos	[see·kos]
crostacei (m pl)	skaaldiere	[skāldirə]
caviale (m)	kaviaar	[kafiãr]

granchio (m)	krab	[krap]
gamberetto (m)	garnaal	[χarnāl]
ostrica (f)	oester	[ustər]
aragosta (f)	seekreef	[see·kreəf]
polpo (m)	seekat	[see·kat]
calamaro (m)	pylinkvis	[pajl·inkfis]

storione (m)	steur	[støər]
salmone (m)	salm	[salm]
ippoglosso (m)	heilbot	[hæjlbot]

merluzzo (m)	kabeljou	[kabeljæʊ]
scombro (m)	makriel	[makril]
tonno (m)	tuna	[tuna]
anguilla (f)	paling	[paliŋ]

trota (f)	forel	[forəl]
sardina (f)	sardyn	[sardajn]
luccio (m)	varswatersnoek	[farswatər·snuk]
aringa (f)	haring	[hariŋ]

pane (m)	brood	[broət]
formaggio (m)	kaas	[kās]
zucchero (m)	suiker	[sœikər]
sale (m)	sout	[sæʊt]

riso (m)	rys	[rajs]
pasta (f)	pasta	[pasta]
tagliatelle (f pl)	noedels	[nudɛls]

burro (m)	botter	[bottər]
olio (m) vegetale	plantaardige olie	[plantārdiχə oli]
olio (m) di girasole	sonblomolie	[sonblom·oli]
margarina (f)	margarien	[marχarin]

| olive (f pl) | olywe | [olajvə] |
| olio (m) d'oliva | olyfolie | [olajf·oli] |

latte (m)	melk	[melk]
latte (m) condensato	kondensmelk	[kondɛŋs·melk]
yogurt (m)	jogurt	[joχurt]
panna (f) acida	suurroom	[sɪr·roəm]

panna (f)	room	[roəm]
maionese (m)	mayonnaise	[majonɛs]
crema (f)	crème	[krɛm]

cereali (m pl)	ontbytgraan	[ontbajt·ꭓrān]
farina (f)	meelblom	[meəl·blom]
cibi (m pl) in scatola	blikkieskos	[blikkis·kos]

fiocchi (m pl) di mais	mielievlokkies	[mili·flokkis]
miele (m)	heuning	[høəniŋ]
marmellata (f)	konfyt	[konfajt]
gomma (f) da masticare	kougom	[kæʊꭓom]

53. Bevande

acqua (f)	water	[vatər]
acqua (f) potabile	drinkwater	[drink·vatər]
acqua (f) minerale	mineraalwater	[minerāl·vatər]

liscia (non gassata)	sonder gas	[sondər ꭓas]
gassata (agg)	soda-	[soda-]
frizzante (agg)	bruis-	[brœis-]
ghiaccio (m)	ys	[ajs]
con ghiaccio	met ys	[met ajs]

analcolico (agg)	nie-alkoholies	[ni-alkoholis]
bevanda (f) analcolica	koeldrank	[kul·drank]
bibita (f)	verfrissende drank	[ferfrissendə drank]
limonata (f)	limonade	[limonadə]

bevande (f pl) alcoliche	likeure	[likøərə]
vino (m)	wyn	[vajn]
vino (m) bianco	witwyn	[vit·vajn]
vino (m) rosso	rooiwyn	[roj·vajn]

liquore (m)	likeur	[likøər]
champagne (m)	sjampanje	[ʃampanje]
vermouth (m)	vermoet	[fermut]

whisky	whisky	[vhiskaj]
vodka (f)	vodka	[fodka]
gin (m)	jenever	[jenefər]
cognac (m)	brandewyn	[brandə·vajn]
rum (m)	rum	[rum]

caffè (m)	koffie	[koffi]
caffè (m) nero	swart koffie	[swart koffi]
caffè latte (m)	koffie met melk	[koffi met melk]
cappuccino (m)	capuccino	[kaputʃino]
caffè (m) solubile	poeierkoffie	[pujer·koffi]

latte (m)	melk	[melk]
cocktail (m)	mengeldrankie	[menꭓəl·dranki]
frullato (m)	melkskommel	[melk·skomməl]

succo (m)	sap	[sap]
succo (m) di pomodoro	tamatiesap	[tamati·sap]
succo (m) d'arancia	lemoensap	[lemoən·sap]
spremuta (f)	vars geparste sap	[fars χeparstə sap]

birra (f)	bier	[bir]
birra (f) chiara	ligte bier	[liχtə bir]
birra (f) scura	donker bier	[donkər bir]

tè (m)	tee	[teə]
tè (m) nero	swart tee	[swart teə]
tè (m) verde	groen tee	[χrun teə]

54. Verdure

ortaggi (m pl)	groente	[χruntə]
verdura (f)	groente	[χruntə]

pomodoro (m)	tamatie	[tamati]
cetriolo (m)	komkommer	[komkommər]
carota (f)	wortel	[vortəl]
patata (f)	aartappel	[ārtappəl]
cipolla (f)	ui	[œi]
aglio (m)	knoffel	[knoffəl]

cavolo (m)	kool	[koəl]
cavolfiore (m)	blomkool	[blom·koəl]
cavoletti (m pl) di Bruxelles	Brusselspruite	[brussɛl·sprœitə]
broccolo (m)	broccoli	[brokoli]

barbabietola (f)	beet	[beət]
melanzana (f)	eiervrug	[æjerfruχ]
zucchina (f)	vingerskorsie	[fiŋər·skorsi]

zucca (f)	pampoen	[pampun]
rapa (f)	raap	[rāp]

prezzemolo (m)	pietersielie	[pitərsili]
aneto (m)	dille	[dillə]
lattuga (f)	slaai	[slāi]
sedano (m)	seldery	[selderaj]

asparago (m)	aspersie	[aspersi]
spinaci (m pl)	spinasie	[spinasi]

pisello (m)	ertjie	[ɛrki]
fave (f pl)	boontjies	[boənkis]

mais (m)	mielie	[mili]
fagiolo (m)	nierboontjie	[nir·boənki]

peperone (m)	paprika	[paprika]
ravanello (m)	radys	[radajs]
carciofo (m)	artisjok	[artiʃok]

55. Frutta. Noci

frutto (m)	vrugte	[fruχtə]
mela (f)	appel	[appəl]
pera (f)	peer	[peər]
limone (m)	suurlemoen	[sɪr·lemun]
arancia (f)	lemoen	[lemun]
fragola (f)	aarbei	[ārbæj]
mandarino (m)	nartjie	[narki]
prugna (f)	pruim	[prœim]
pesca (f)	perske	[perskə]
albicocca (f)	appelkoos	[appɛlkoəs]
lampone (m)	framboos	[framboəs]
ananas (m)	pynappel	[pajnappəl]
banana (f)	piesang	[pisaŋ]
anguria (f)	waatlemoen	[vātlemun]
uva (f)	druif	[drœif]
amarena (f)	suurkersie	[sɪr·kersi]
ciliegia (f)	soetkersie	[sut·kersi]
melone (m)	spanspek	[spaŋspek]
pompelmo (m)	pomelo	[pomelo]
avocado (m)	avokado	[afokado]
papaia (f)	papaja	[papaja]
mango (m)	mango	[manχo]
melagrana (f)	granaat	[χranāt]
ribes (m) rosso	rooi aalbessie	[roj ālbɛssi]
ribes (m) nero	swartbessie	[swartbɛssi]
uva (f) spina	appelliefie	[appɛllifi]
mirtillo (m)	bosbessie	[bosbɛssi]
mora (f)	braambessie	[brāmbɛssi]
uvetta (f)	rosyntjie	[rosajnki]
fico (m)	vy	[faj]
dattero (m)	dadel	[dadəl]
arachide (f)	grondboontjie	[χront·boənki]
mandorla (f)	amandel	[amandəl]
noce (f)	okkerneut	[okkər·nøət]
nocciola (f)	haselneut	[hasɛl·nøət]
noce (f) di cocco	klapper	[klappər]
pistacchi (m pl)	pistachio	[pistatʃio]

56. Pane. Dolci

pasticceria (f)	soet gebak	[sut χebak]
pane (m)	brood	[broət]
biscotti (m pl)	koekies	[kukis]
cioccolato (m)	sjokolade	[ʃokoladə]
al cioccolato (agg)	sjokolade	[ʃokoladə]

caramella (f)	lekkers	[lɛkkərs]
tortina (f)	koek	[kuk]
torta (f)	koek	[kuk]

| crostata (f) | pastei | [pastæj] |
| ripieno (m) | vulsel | [fulsəl] |

marmellata (f)	konfyt	[konfajt]
marmellata (f) di agrumi	marmelade	[marmeladə]
wafer (m)	wafels	[vafɛls]
gelato (m)	roomys	[roəm·ajs]
budino (m)	poeding	[pudiŋ]

57. Spezie

sale (m)	sout	[sæʊt]
salato (agg)	sout	[sæʊt]
salare (vt)	sout	[sæʊt]

pepe (m) nero	swart peper	[swart pepər]
peperoncino (m)	rooi peper	[roj pepər]
senape (f)	mosterd	[mostert]
cren (m)	peperwortel	[peper·wortəl]

condimento (m)	smaakmiddel	[smāk·middəl]
spezie (f pl)	spesery	[spesəraj]
salsa (f)	sous	[sæʊs]
aceto (m)	asyn	[asajn]

anice (m)	anys	[anajs]
basilico (m)	basilikum	[basilikum]
chiodi (m pl) di garofano	naeltjies	[naɛlkis]
zenzero (m)	gemmer	[χemmər]
coriandolo (m)	koljander	[koljandər]
cannella (f)	kaneel	[kaneəl]

sesamo (m)	sesamsaad	[sesam·sāt]
alloro (m)	lourierblaar	[læʊrir·blār]
paprica (f)	paprika	[paprika]
cumino (m)	komynsaad	[komajnsāt]
zafferano (m)	saffraan	[saffrān]

INFORMAZIONI PERSONALI. FAMIGLIA

58. Informazioni personali. Moduli

nome (m)	voornaam	[foərnãm]
cognome (m)	van	[fan]
data (f) di nascita	geboortedatum	[χeboərtə·datum]
luogo (m) di nascita	geboorteplek	[χeboərtə·plek]
nazionalità (f)	nasionaliteit	[naʃionalitæjt]
domicilio (m)	woonplek	[voən·plek]
paese (m)	land	[lant]
professione (f)	beroep	[berup]
sesso (m)	geslag	[χeslaχ]
statura (f)	lengte	[leŋtə]
peso (m)	gewig	[χeveχ]

59. Membri della famiglia. Parenti

madre (f)	moeder	[mudər]
padre (m)	vader	[fadər]
figlio (m)	seun	[søən]
figlia (f)	dogter	[doχtər]
figlia (f) minore	jonger dogter	[joŋər doχtər]
figlio (m) minore	jonger seun	[joŋər søən]
figlia (f) maggiore	oudste dogter	[æʊdstə doχtər]
figlio (m) maggiore	oudste seun	[æʊdstə søən]
fratello (m)	broer	[brur]
fratello (m) maggiore	ouer broer	[æʊer brur]
fratello (m) minore	jonger broer	[joŋər brur]
sorella (f)	suster	[sustər]
sorella (f) maggiore	ouer suster	[æʊer sustər]
sorella (f) minore	jonger suster	[joŋər sustər]
cugino (m)	neef	[neəf]
cugina (f)	neef	[neəf]
mamma (f)	ma	[ma]
papà (m)	pa	[pa]
genitori (m pl)	ouers	[æʊers]
bambino (m)	kind	[kint]
bambini (m pl)	kinders	[kindərs]
nonna (f)	ouma	[æʊma]
nonno (m)	oupa	[æʊpa]

nipote (m) (figlio di un figlio)	kleinseun	[klæjn·søən]
nipote (f)	kleindogter	[klæjn·doχtər]
nipoti (pl)	kleinkinders	[klæjn·kindərs]

zio (m)	oom	[oəm]
zia (f)	tante	[tantə]
nipote (m) (figlio di un fratello)	neef	[neəf]
nipote (f)	nig	[niχ]

suocera (f)	skoonma	[skoən·ma]
suocero (m)	skoonpa	[skoən·pa]
genero (m)	skoonseun	[skoən·søən]
matrigna (f)	stiefma	[stifma]
patrigno (m)	stiefpa	[stifpa]

neonato (m)	baba	[baba]
infante (m)	baba	[baba]
bimbo (m), ragazzino (m)	seuntjie	[søənki]

moglie (f)	vrou	[fræʊ]
marito (m)	man	[man]
coniuge (m)	eggenoot	[εχχenoət]
coniuge (f)	eggenote	[εχχenotə]

sposato (agg)	getroud	[χetræʊt]
sposata (agg)	getroud	[χetræʊt]
celibe (agg)	ongetroud	[onχetræʊt]
scapolo (m)	vrygesel	[frajχesəl]
divorziato (agg)	geskei	[χeskæj]
vedova (f)	weduwee	[veduveə]
vedovo (m)	wedunaar	[vedunãr]

parente (m)	familielid	[famililit]
parente (m) stretto	na familie	[na famili]
parente (m) lontano	ver familie	[fer famili]
parenti (m pl)	familiede	[famililedə]

orfano (m)	weeskind	[veəskint]
orfana (f)	weeskind	[veəskint]
tutore (m)	voog	[foəχ]
adottare (~ un bambino)	aanneem	[ãnneəm]
adottare (~ una bambina)	aanneem	[ãnneəm]

60. Amici. Colleghi

amico (m)	vriend	[frint]
amica (f)	vriendin	[frindin]
amicizia (f)	vriendskap	[frindskap]
essere amici	bevriend wees	[befrint veəs]

amico (m) (inform.)	maat	[mãt]
amica (f) (inform.)	vriendin	[frindin]
partner (m)	maat	[mãt]
capo (m)	baas	[bãs]

capo (m), superiore (m)	baas	[bãs]
proprietario (m)	eienaar	[æjenãr]
subordinato (m)	ondergeskikte	[ondərχeskiktə]
collega (m)	kollega	[kolleχa]
conoscente (m)	kennis	[kɛnnis]
compagno (m) di viaggio	medereisiger	[medə·ræjsiχər]
compagno (m) di classe	klasmaat	[klas·mãt]
vicino (m)	buurman	[bɪrman]
vicina (f)	buurvrou	[bɪrfræʊ]
vicini (m pl)	bure	[burə]

CORPO UMANO. MEDICINALI

61. Testa

testa (f)	kop	[kop]
viso (m)	gesig	[χesəχ]
naso (m)	neus	[nøəs]
bocca (f)	mond	[mont]
occhio (m)	oog	[oəχ]
occhi (m pl)	oë	[oɛ]
pupilla (f)	pupil	[pupil]
sopracciglio (m)	wenkbrou	[vɛnk·bræʊ]
ciglio (m)	ooghaar	[oəχ·hãr]
palpebra (f)	ooglid	[oəχ·lit]
lingua (f)	tong	[toŋ]
dente (m)	tand	[tant]
labbra (f pl)	lippe	[lippə]
zigomi (m pl)	wangbene	[vaŋ·benə]
gengiva (f)	tandvleis	[tand·flæjs]
palato (m)	verhemelte	[fer·hemɛltə]
narici (f pl)	neusgate	[nøəsχatə]
mento (m)	ken	[ken]
mascella (f)	kakebeen	[kakebeən]
guancia (f)	wang	[vaŋ]
fronte (f)	voorhoof	[foərhoəf]
tempia (f)	slaap	[slãp]
orecchio (m)	oor	[oər]
nuca (f)	agterkop	[aχtərkop]
collo (m)	nek	[nek]
gola (f)	keel	[keəl]
capelli (m pl)	haar	[hãr]
pettinatura (f)	kapsel	[kapsəl]
taglio (m)	haarstyl	[hãrstajl]
parrucca (f)	pruik	[prœik]
baffi (m pl)	snor	[snor]
barba (f)	baard	[bãrt]
portare (~ la barba, ecc.)	dra	[dra]
treccia (f)	vlegsel	[fleχsəl]
basette (f pl)	bakkebaarde	[bakkəbãrdə]
rosso (agg)	rooiharig	[roj·harəχ]
brizzolato (agg)	grys	[χrajs]
calvo (agg)	kaal	[kãl]
calvizie (f)	kaal plek	[kãl plek]

| coda (f) di cavallo | poniestert | [poni·stert] |
| frangetta (f) | gordyntjiekapsel | [χordajnki·kapsəl] |

62. Corpo umano

| mano (f) | hand | [hant] |
| braccio (m) | arm | [arm] |

dito (m)	vinger	[fiŋər]
dito (m) del piede	toon	[toən]
pollice (m)	duim	[dœim]
mignolo (m)	pinkie	[pinki]
unghia (f)	nael	[naəl]

pugno (m)	vuis	[fœis]
palmo (m)	palm	[palm]
polso (m)	pols	[pols]
avambraccio (m)	voorarm	[foərarm]
gomito (m)	elmboog	[ɛlmboəχ]
spalla (f)	skouer	[skæʊər]

gamba (f)	been	[beən]
pianta (f) del piede	voet	[fut]
ginocchio (m)	knie	[kni]
polpaccio (m)	kuit	[kœit]
anca (f)	heup	[høəp]
tallone (m)	hakskeen	[hak·skeən]

corpo (m)	liggaam	[liχχām]
pancia (f)	maag	[māχ]
petto (m)	bors	[bors]
seno (m)	bors	[bors]
fianco (m)	sy	[saj]
schiena (f)	rug	[ruχ]
zona (f) lombare	lae rug	[laə ruχ]
vita (f)	middel	[middəl]

ombelico (m)	naeltjie	[naɛlki]
natiche (f pl)	boude	[bæʊdə]
sedere (m)	sitvlak	[sitflak]

neo (m)	moesie	[musi]
voglia (f) (~ di fragola)	moedervlek	[mudər·flek]
tatuaggio (m)	tatoe	[tatu]
cicatrice (f)	litteken	[littekən]

63. Malattie

malattia (f)	siekte	[siktə]
essere malato	siek wees	[sik veəs]
salute (f)	gesondheid	[χesonthæjt]
raffreddore (m)	loopneus	[loəpnøəs]

tonsillite (f)	keelontsteking	[keəl·ontstekiŋ]
raffreddore (m)	verkoue	[ferkæuə]
bronchite (f)	bronchitis	[bronχitis]
polmonite (f)	longontsteking	[loŋ·ontstekiŋ]
influenza (f)	griep	[χrip]
miope (agg)	bysiende	[bajsində]
presbite (agg)	versiende	[fersində]
strabismo (m)	skeelheid	[skeəlhæjt]
strabico (agg)	skeel	[skeəl]
cateratta (f)	katarak	[katarak]
glaucoma (m)	gloukoom	[χlæukoəm]
ictus (m) cerebrale	beroerte	[berurtə]
attacco (m) di cuore	hartaanval	[hart·ānfal]
infarto (m) miocardico	hartinfark	[hart·infark]
paralisi (f)	verlamming	[ferlammiŋ]
paralizzare (vt)	verlam	[ferlam]
allergia (f)	allergie	[allerχi]
asma (f)	asma	[asma]
diabete (m)	suikersiekte	[sœikər·siktə]
mal (m) di denti	tandpyn	[tand·pajn]
carie (f)	tandbederf	[tand·bederf]
diarrea (f)	diarree	[diarreə]
stitichezza (f)	hardlywigheid	[hardlajviχæjt]
disturbo (m) gastrico	maagongesteldheid	[māχ·oŋəstɛldhæjt]
intossicazione (f) alimentare	voedselvergiftiging	[fudsəl·ferχiftəχiŋ]
intossicarsi (vr)	voedselvergiftiging kry	[fudsəl·ferχiftəχiŋ kraj]
artrite (f)	artritis	[artritis]
rachitide (f)	Engelse siekte	[ɛŋəlsə siktə]
reumatismo (m)	reumatiek	[røəmatik]
aterosclerosi (f)	artrosklerose	[artrosklerosə]
gastrite (f)	maagontsteking	[māχ·ontstekiŋ]
appendicite (f)	blindedermontsteking	[blindəderm·ontstekiŋ]
colecistite (f)	galblaasontsteking	[χalblās·ontstekiŋ]
ulcera (f)	maagsweer	[māχsweər]
morbillo (m)	masels	[masɛls]
rosolia (f)	Duitse masels	[dœitsə masɛls]
itterizia (f)	geelsug	[χeəlsuχ]
epatite (f)	hepatitis	[hepatitis]
schizofrenia (f)	skisofrenie	[skisofreni]
rabbia (f)	hondsdolheid	[hondsdolhæjt]
nevrosi (f)	neurose	[nøərosə]
commozione (f) cerebrale	harsingskudding	[harsiŋ·skuddiŋ]
cancro (m)	kanker	[kankər]
sclerosi (f)	sklerose	[sklerosə]
sclerosi (f) multipla	veelvuldige sklerose	[feəlfuldiχə sklerosə]

alcolismo (m)	alkoholisme	[alkoholismə]
alcolizzato (m)	alkoholikus	[alkoholikus]
sifilide (f)	sifilis	[sifilis]
AIDS (m)	VIGS	[vigs]

tumore (m)	tumor	[tumor]
maligno (agg)	kwaadaardig	[kwādārdəχ]
benigno (agg)	goedaardig	[χudārdəχ]

febbre (f)	koors	[koərs]
malaria (f)	malaria	[malaria]
cancrena (f)	gangreen	[χanχreən]
mal (m) di mare	seesiekte	[see·siktə]
epilessia (f)	epilepsie	[ɛpilepsi]

epidemia (f)	epidemie	[ɛpidemi]
tifo (m)	tifus	[tifus]
tubercolosi (f)	tuberkulose	[tuberkulosə]
colera (m)	cholera	[χolera]
peste (f)	pes	[pes]

64. Sintomi. Cure. Parte 1

sintomo (m)	simptoom	[simptoəm]
temperatura (f)	temperatuur	[temperatɪr]
febbre (f) alta	koors	[koərs]
polso (m)	polsslag	[pols·slaχ]

capogiro (m)	duiseligheid	[dœiseliχæjt]
caldo (agg)	warm	[varm]
brivido (m)	koue rillings	[kæʊə rilliŋs]
pallido (un viso ~)	bleek	[bleək]

tosse (f)	hoes	[hus]
tossire (vi)	hoes	[hus]
starnutire (vi)	nies	[nis]
svenimento (m)	floute	[flæʊtə]
svenire (vi)	flou word	[flæʊ vort]

livido (m)	blou kol	[blæʊ kol]
bernoccolo (m)	knop	[knop]
farsi un livido	stamp	[stamp]
contusione (f)	besering	[beseriŋ]

zoppicare (vi)	hink	[hink]
slogatura (f)	ontwrigting	[ontwriχtiŋ]
slogarsi (vr)	ontwrig	[ontwrəχ]
frattura (f)	breuk	[brøək]
fratturarsi (vr)	n breuk hê	[n brøək hɛ:]

taglio (m)	sny	[snaj]
tagliarsi (vr)	jouself sny	[jæʊsɛlf snaj]
emorragia (f)	bloeding	[bludiŋ]
scottatura (f)	brandwond	[brant·vont]

scottarsi (vr)	jouself brand	[jæusɛlf brant]
pungere (vt)	prik	[prik]
pungersi (vr)	jouself prik	[jæusɛlf prik]
ferire (vt)	seermaak	[seərmāk]
ferita (f)	besering	[beseriŋ]
lesione (f)	wond	[vont]
trauma (m)	trauma	[trɔuma]

delirare (vi)	yl	[ajl]
tartagliare (vi)	stotter	[stottər]
colpo (m) di sole	sonsteek	[sɔŋ·steək]

65. Sintomi. Cure. Parte 2

dolore (m), male (m)	pyn	[pajn]
scheggia (f)	splinter	[splintər]

sudore (m)	sweet	[sweət]
sudare (vi)	sweet	[sweət]
vomito (m)	braak	[brāk]
convulsioni (f pl)	stuiptrekkings	[stœip·trɛkkiŋs]

incinta (agg)	swanger	[swaŋər]
nascere (vi)	gebore word	[χeborə vort]
parto (m)	geboorte	[χeboərtə]
essere in travaglio di parto	baar	[bār]
aborto (m)	aborsie	[aborsi]

respirazione (f)	asemhaling	[asemhaliŋ]
inspirazione (f)	inaseming	[inasemiŋ]
espirazione (f)	uitaseming	[œitasemiŋ]
espirare (vi)	uitasem	[œitasem]
inspirare (vi)	inasem	[inasem]

invalido (m)	invalide	[infalidə]
storpio (m)	kreupel	[krøəpəl]
drogato (m)	dwelmslaaf	[dwɛlm·slāf]

sordo (agg)	doof	[doəf]
muto (agg)	stom	[stom]
sordomuto (agg)	doofstom	[doəf·stom]

matto (agg)	swaksinnig	[swaksinnəχ]
matto (m)	kranksinnige	[kranksinniχə]
matta (f)	kranksinnige	[kranksinniχə]
impazzire (vi)	kranksinnig word	[kranksinnəχ vort]

gene (m)	geen	[χeən]
immunità (f)	immuniteit	[immunitæjt]
ereditario (agg)	erflik	[ɛrflik]
innato (agg)	aangebore	[ānχəborə]

virus (m)	virus	[firus]
microbo (m)	mikrobe	[mikrobə]

batterio (m)	bakterie	[bakteri]
infezione (f)	infeksie	[infeksi]

66. Sintomi. Cure. Parte 3

ospedale (m)	hospitaal	[hospitāl]
paziente (m)	pasiënt	[pasiɛnt]

diagnosi (f)	diagnose	[diaχnosə]
cura (f)	genesing	[χenesiŋ]
trattamento (m)	mediese behandeling	[medisə behandəliŋ]
curarsi (vr)	behandeling kry	[behandəliŋ kraj]
curare (vt)	behandel	[behandəl]
accudire (un malato)	versorg	[fersorχ]
assistenza (f)	versorging	[fersorχiŋ]

operazione (f)	operasie	[operasi]
bendare (vt)	verbind	[ferbint]
fasciatura (f)	verband	[ferbant]

vaccinazione (f)	inenting	[inɛntiŋ]
vaccinare (vt)	inent	[inɛnt]
iniezione (f)	inspuiting	[inspœitiŋ]

attacco (m) (~ epilettico)	aanval	[ānfal]
amputazione (f)	amputasie	[amputasi]
amputare (vt)	amputeer	[amputeər]
coma (m)	koma	[koma]
rianimazione (f)	intensiewe sorg	[intɛnsivə sorχ]

guarire (vi)	herstel	[herstəl]
stato (f) (del paziente)	kondisie	[kondisi]
conoscenza (f)	bewussyn	[bevussajn]
memoria (f)	geheue	[χəhøə]

estrarre (~ un dente)	trek	[trek]
otturazione (f)	vulsel	[fulsəl]
otturare (vt)	vul	[ful]

ipnosi (f)	hipnose	[hipnosə]
ipnotizzare (vt)	hipnotiseer	[hipnotiseər]

67. Medicinali. Farmaci. Accessori

medicina (f)	medisyn	[medisajn]
rimedio (m)	geneesmiddel	[χeneəs·middəl]
prescrivere (vt)	voorskryf	[foərskrajf]
prescrizione (f)	voorskrif	[foərskrif]

compressa (f)	pil	[pil]
unguento (m)	salf	[salf]
fiala (f)	ampul	[ampul]

pozione (f)	**mengsel**	[meŋsəl]
sciroppo (m)	**stroop**	[stroəp]
pillola (f)	**pil**	[pil]
polverina (f)	**poeier**	[pujer]
benda (f)	**verband**	[ferbant]
ovatta (f)	**watte**	[vattə]
iodio (m)	**iodium**	[iodium]
cerotto (m)	**pleister**	[plæjstər]
contagocce (m)	**oogdrupper**	[oəχ·druppər]
termometro (m)	**termometer**	[termometər]
siringa (f)	**spuitnaald**	[spœit·nãlt]
sedia (f) a rotelle	**rolstoel**	[rol·stul]
stampelle (f pl)	**krukke**	[krukkə]
analgesico (m)	**pynstiller**	[pajn·stillər]
lassativo (m)	**lakseermiddel**	[lakseer·middəl]
alcol (m)	**spiritus**	[spiritus]
erba (f) officinale	**geneeskragtige kruie**	[χenees·kraχtiχə krœiə]
d'erbe (infuso ~)	**kruie-**	[krœie-]

APPARTAMENTO

68. Appartamento

appartamento (m)	woonstel	[voəŋstəl]
camera (f), stanza (f)	kamer	[kamər]
camera (f) da letto	slaapkamer	[slāp·kamər]
sala (f) da pranzo	eetkamer	[eət·kamər]
salotto (m)	sitkamer	[sit·kamər]
studio (m)	studeerkamer	[studeər·kamər]
ingresso (m)	ingangsportaal	[inχaŋs·portāl]
bagno (m)	badkamer	[bad·kamər]
gabinetto (m)	toilet	[tojlet]
soffitto (m)	plafon	[plafon]
pavimento (m)	vloer	[flur]
angolo (m)	hoek	[huk]

69. Arredamento. Interno

mobili (m pl)	meubels	[møəbɛls]
tavolo (m)	tafel	[tafel]
sedia (f)	stoel	[stul]
letto (m)	bed	[bet]
divano (m)	rusbank	[rusbank]
poltrona (f)	gemakstoel	[χemak·stul]
libreria (f)	boekkas	[buk·kas]
ripiano (m)	rak	[rak]
armadio (m)	klerekas	[klerə·kas]
attaccapanni (m) da parete	kapstok	[kapstok]
appendiabiti (m) da terra	kapstok	[kapstok]
comò (m)	laaikas	[lājkas]
tavolino (m) da salotto	koffietafel	[koffi·tafəl]
specchio (m)	spieêl	[spiɛl]
tappeto (m)	mat	[mat]
tappetino (m)	matjie	[maki]
camino (m)	vuurherd	[fɪr·hert]
candela (f)	kers	[kers]
candeliere (m)	kandelaar	[kandelār]
tende (f pl)	gordyne	[χordajnə]
carta (f) da parati	muurpapier	[mɪr·papir]

tende (f pl) alla veneziana	blindings	[blindiŋs]
lampada (f) da tavolo	tafellamp	[tafel·lamp]
lampada (f) da parete	muurlamp	[mɪr·lamp]
lampada (f) a stelo	staanlamp	[stān·lamp]
lampadario (m)	kroonlugter	[kroən·luχtər]

gamba (f)	poot	[poət]
bracciolo (m)	armleuning	[arm·løəniŋ]
spalliera (f)	rugleuning	[ruχ·løəniŋ]
cassetto (m)	laai	[lāi]

70. Biancheria da letto

biancheria (f) da letto	beddegoed	[beddə·χut]
cuscino (m)	kussing	[kussiŋ]
federa (f)	kussingsloop	[kussiŋ·sloəp]
coperta (f)	duvet	[dufet]
lenzuolo (m)	laken	[laken]
copriletto (m)	bedsprei	[bed·spræj]

71. Cucina

cucina (f)	kombuis	[kombœis]
gas (m)	gas	[χas]
fornello (m) a gas	gasstoof	[χas·stoəf]
fornello (m) elettrico	elektriese stoof	[elektrisə stoəf]
forno (m)	oond	[oent]
forno (m) a microonde	mikrogolfoond	[mikroχolf·oent]

frigorifero (m)	yskas	[ajs·kas]
congelatore (m)	vrieskas	[friskas]
lavastoviglie (f)	skottelgoedwasser	[skottɛlχud·wassər]

tritacarne (m)	vleismeul	[flæjs·møəl]
spremifrutta (m)	versapper	[fersappər]
tostapane (m)	broodrooster	[broəd·roəstər]
mixer (m)	menger	[meŋər]

macchina (f) da caffè	koffiemasjien	[koffi·maʃin]
caffettiera (f)	koffiepot	[koffi·pot]
macinacaffè (m)	koffiemeul	[koffi·møəl]

bollitore (m)	fluitketel	[flœit·ketəl]
teiera (f)	teepot	[teə·pot]
coperchio (m)	deksel	[deksəl]
colino (m) da tè	teesiffie	[teə·siffi]

cucchiaio (m)	lepel	[lepəl]
cucchiaino (m) da tè	teelepeltjie	[teə·lepəlki]
cucchiaio (m)	soplepel	[sop·lepəl]
forchetta (f)	vurk	[furk]
coltello (m)	mes	[mes]

stoviglie (f pl)	tafelgerei	[tafel·χeræj]
piatto (m)	bord	[bort]
piattino (m)	piering	[piriŋ]

cicchetto (m)	likeurglas	[likøər·χlas]
bicchiere (m) (~ d'acqua)	glas	[χlas]
tazzina (f)	koppie	[koppi]

zuccheriera (f)	suikerpot	[sœikər·pot]
saliera (f)	soutvaatjie	[sæʊt·fāki]
pepiera (f)	pepervaatjie	[pepər·fāki]
burriera (f)	botterbakkie	[bottər·bakki]

pentola (f)	soppot	[sop·pot]
padella (f)	braaipan	[brāj·pan]
mestolo (m)	opskeplepel	[opskep·lepəl]
colapasta (m)	vergiet	[ferχit]
vassoio (m)	skinkbord	[skink·bort]

bottiglia (f)	bottel	[bottəl]
barattolo (m) di vetro	fles	[fles]
latta, lattina (f)	blikkie	[blikki]

apribottiglie (m)	botteloopmaker	[bottəl·oəpmakər]
apriscatole (m)	blikoopmaker	[blik·oəpmakər]
cavatappi (m)	kurktrekker	[kurk·trɛkkər]
filtro (m)	filter	[filtər]
filtrare (vt)	filter	[filtər]

| spazzatura (f) | vullis | [fullis] |
| pattumiera (f) | vullisbak | [fullis·bak] |

72. Bagno

bagno (m)	badkamer	[bad·kamər]
acqua (f)	water	[vatər]
rubinetto (m)	kraan	[krān]
acqua (f) calda	warme water	[varmə vatər]
acqua (f) fredda	koue water	[kæʊə vatər]

dentifricio (m)	tandepasta	[tandə·pasta]
lavarsi i denti	tande borsel	[tandə borsəl]
spazzolino (m) da denti	tandeborsel	[tandə·borsəl]

rasarsi (vr)	skeer	[skeər]
schiuma (f) da barba	skeerroom	[skeər·roəm]
rasoio (m)	skeermes	[skeər·mes]

lavare (vt)	was	[vas]
fare un bagno	bad	[bat]
doccia (f)	stort	[stort]
fare una doccia	stort	[stort]
vasca (f) da bagno	bad	[bat]
water (m)	toilet	[tojlet]

71

lavandino (m)	wasbak	[vas·bak]
sapone (m)	seep	[seəp]
porta (m) sapone	seepbakkie	[seəp·bakki]

spugna (f)	spons	[spoŋs]
shampoo (m)	sjampoe	[ʃampu]
asciugamano (m)	handdoek	[handduk]
accappatoio (m)	badjas	[batjas]

bucato (m)	was	[vas]
lavatrice (f)	wasmasjien	[vas·maʃin]
fare il bucato	die wasgoed was	[di vasχut vas]
detersivo (m) per il bucato	waspoeier	[vas·pujer]

73. Elettrodomestici

televisore (m)	TV-stel	[te·fe·stəl]
registratore (m) a nastro	bandspeler	[band·spelər]
videoregistratore (m)	videomasjien	[video·maʃin]
radio (f)	radio	[radio]
lettore (m)	speler	[spelər]

videoproiettore (m)	videoprojektor	[video·projektor]
home cinema (m)	tuisfliekteater	[tœis·flik·teatər]
lettore (m) DVD	DVD-speler	[de·fe·de-spelər]
amplificatore (m)	versterker	[fersterkər]
console (f) video giochi	videokonsole	[video·koŋsolə]

videocamera (f)	videokamera	[video·kamera]
macchina (f) fotografica	kamera	[kamera]
fotocamera (f) digitale	digitale kamera	[diχitalə kamera]

aspirapolvere (m)	stofsuier	[stof·sœiər]
ferro (m) da stiro	strykyster	[strajk·ajstər]
asse (f) da stiro	strykplank	[strajk·plank]

telefono (m)	telefoon	[telefoən]
telefonino (m)	selfoon	[sɛlfoən]
macchina (f) da scrivere	tikmasjien	[tik·maʃin]
macchina (f) da cucire	naaimasjien	[naj·maʃin]

microfono (m)	mikrofoon	[mikrofoən]
cuffia (f)	koptelefoon	[kop·telefoən]
telecomando (m)	afstandsbeheer	[afstands·beheər]

CD (m)	CD	[se·de]
cassetta (f)	kasset	[kasset]
disco (m) (vinile)	plaat	[plãt]

LA TERRA. TEMPO

74. L'Universo

cosmo (m)	kosmos	[kosmos]
cosmico, spaziale (agg)	kosmies	[kosmis]
spazio (m) cosmico	buitenste ruimte	[bœitɛŋstə rajmtə]
mondo (m)	wêreld	[værɛlt]
universo (m)	heelal	[heəlal]
galassia (f)	sterrestelsel	[sterrə·stɛlsəl]
stella (f)	ster	[ster]
costellazione (f)	sterrebeeld	[sterrə·beəlt]
pianeta (m)	planeet	[planeət]
satellite (m)	satelliet	[satɛllit]
meteorite (m)	meteoriet	[meteorit]
cometa (f)	komeet	[komeət]
asteroide (m)	asteroïed	[asteroïət]
orbita (f)	baan	[bān]
ruotare (vi)	draai	[drāi]
atmosfera (f)	atmosfeer	[atmosfeər]
il Sole	die Son	[di son]
sistema (m) solare	sonnestelsel	[sonnə·stɛlsəl]
eclisse (f) solare	sonsverduistering	[sɔŋs·ferdœisteriŋ]
la Terra	die Aarde	[di ārdə]
la Luna	die Maan	[di mān]
Marte (m)	Mars	[mars]
Venere (f)	Venus	[fenus]
Giove (m)	Jupiter	[jupitər]
Saturno (m)	Saturnus	[saturnus]
Mercurio (m)	Mercurius	[merkurius]
Urano (m)	Uranus	[uranus]
Nettuno (m)	Neptunus	[neptunus]
Plutone (m)	Pluto	[pluto]
Via (f) Lattea	Melkweg	[melk·weχ]
Orsa (f) Maggiore	Groot Beer	[χroet beer]
Stella (f) Polare	Poolster	[poəl·stər]
marziano (m)	marsbewoner	[mars·bevonər]
extraterrestre (m)	buiteaardse wese	[bœitə·ārdsə vesə]
alieno (m)	ruimtewese	[rœimtə·vesə]

disco (m) volante	vlieënde skottel	[fliɛndə skottəl]
nave (f) spaziale	ruimteskip	[rœimtə·skip]
stazione (f) spaziale	ruimtestasie	[rœimtə·stasi]
lancio (m)	vertrek	[fertrek]

motore (m)	enjin	[ɛndʒin]
ugello (m)	uitlaatpyp	[œitlãt·pajp]
combustibile (m)	brandstof	[brantstof]

| cabina (f) di pilotaggio | stuurkajuit | [stɪr·kajœit] |
| antenna (f) | lugdraad | [luχdrãt] |

oblò (m)	patryspoort	[patrajs·poərt]
batteria (f) solare	sonpaneel	[son·paneəl]
scafandro (m)	ruimtepak	[rœimtə·pak]

| imponderabilità (f) | gewigloosheid | [χeviχloəshæjt] |
| ossigeno (m) | suurstof | [sɪrstof] |

| aggancio (m) | koppeling | [koppeliŋ] |
| agganciarsi (vr) | koppel | [koppəl] |

| osservatorio (m) | observatorium | [observatorium] |
| telescopio (m) | teleskoop | [teleskoəp] |

| osservare (vt) | waarneem | [vãrneəm] |
| esplorare (vt) | eksploreer | [ɛksploreər] |

75. La Terra

la Terra	die Aarde	[di ãrdə]
globo (m) terrestre	die aardbol	[di ãrdbol]
pianeta (m)	planeet	[planeət]

atmosfera (f)	atmosfeer	[atmosfeər]
geografia (f)	geografie	[χeoχrafi]
natura (f)	natuur	[natɪr]

mappamondo (m)	aardbol	[ãrd·bol]
carta (f) geografica	kaart	[kãrt]
atlante (m)	atlas	[atlas]

| Europa (f) | Europa | [øəropa] |
| Asia (f) | Asië | [asiɛ] |

| Africa (f) | Afrika | [afrika] |
| Australia (f) | Australië | [ɔustraliɛ] |

America (f)	Amerika	[amerika]
America (f) del Nord	Noord-Amerika	[noərd-amerika]
America (f) del Sud	Suid-Amerika	[sœid-amerika]

| Antartide (f) | Suidpool | [sœid·poəl] |
| Artico (m) | Noordpool | [noərd·poəl] |

76. Punti cardinali

nord (m)	noorde	[noərdə]
a nord	na die noorde	[na di noərdə]
al nord	in die noorde	[in di noərdə]
del nord (agg)	noordelik	[noərdəlik]
sud (m)	suide	[sœidə]
a sud	na die suide	[na di sœidə]
al sud	in die suide	[in di sœidə]
del sud (agg)	suidelik	[sœidəlik]
ovest (m)	weste	[vestə]
a ovest	na die weste	[na di vestə]
all'ovest	in die weste	[in di vestə]
dell'ovest, occidentale	westelik	[vestelik]
est (m)	ooste	[oəstə]
a est	na die ooste	[na di oəstə]
all'est	in die ooste	[in di oəstə]
dell'est, orientale	oostelik	[oəstəlik]

77. Mare. Oceano

mare (m)	see	[seə]
oceano (m)	oseaan	[oseãn]
golfo (m)	golf	[χolf]
stretto (m)	straat	[strãt]
terra (f) (terra firma)	land	[lant]
continente (m)	kontinent	[kontinent]
isola (f)	eiland	[æjlant]
penisola (f)	skiereiland	[skir·æjlant]
arcipelago (m)	argipel	[arχipəl]
baia (f)	baai	[bãi]
porto (m)	hawe	[havə]
laguna (f)	strandmeer	[strand·meer]
capo (m)	kaap	[kãp]
atollo (m)	atol	[atol]
scogliera (f)	rif	[rif]
corallo (m)	koraal	[korãl]
barriera (f) corallina	koraalrif	[korãl·rif]
profondo (agg)	diep	[dip]
profondità (f)	diepte	[diptə]
abisso (m)	afgrond	[afχront]
fossa (f) (~ delle Marianne)	trog	[troχ]
corrente (f)	stroming	[stromiŋ]
circondare (vt)	omring	[omriŋ]

| litorale (m) | oewer | [uvər] |
| costa (f) | kus | [kus] |

alta marea (f)	hoogwater	[hoəχ·vatər]
bassa marea (f)	laagwater	[lȃχ·vatər]
banco (m) di sabbia	sandbank	[sand·bank]
fondo (m)	bodem	[bodem]

onda (f)	golf	[χolf]
cresta (f) dell'onda	kruin	[krœin]
schiuma (f)	skuim	[skœim]

tempesta (f)	storm	[storm]
uragano (m)	orkaan	[orkȃn]
tsunami (m)	tsunami	[tsunami]
bonaccia (f)	windstilte	[vindstiltə]
tranquillo (agg)	kalm	[kalm]

| polo (m) | pool | [poəl] |
| polare (agg) | polêr | [polær] |

latitudine (f)	breedtegraad	[breədtə·χrȃt]
longitudine (f)	lengtegraad	[leŋtə·χrȃt]
parallelo (m)	parallel	[paralləl]
equatore (m)	ewenaar	[ɛvenȃr]

cielo (m)	hemel	[heməl]
orizzonte (m)	horison	[horison]
aria (f)	lug	[luχ]

faro (m)	vuurtoring	[fɪrtoriŋ]
tuffarsi (vr)	duik	[dœik]
affondare (andare a fondo)	sink	[sink]
tesori (m)	skatte	[skattə]

78. Nomi dei mari e degli oceani

Oceano (m) Atlantico	Atlantiese oseaan	[atlantisə oseȃn]
Oceano (m) Indiano	Indiese Oseaan	[indisə oseȃn]
Oceano (m) Pacifico	Stille Oseaan	[stillə oseȃn]
mar (m) Glaciale Artico	Noordelike Yssee	[noərdelikə ajs·seə]

mar (m) Nero	Swart See	[swart seə]
mar (m) Rosso	Rooi See	[roj seə]
mar (m) Giallo	Geel See	[χeəl seə]
mar (m) Bianco	Witsee	[vit·seə]

mar (m) Caspio	Kaspiese See	[kaspisə seə]
mar (m) Morto	Dooie See	[doje seə]
mar (m) Mediterraneo	Middellandse See	[middəllandsə seə]

mar (m) Egeo	Egeïese See	[ɛχejesə seə]
mar (m) Adriatico	Adriatiese See	[adriatisə seə]
mar (m) Arabico	Arabiese See	[arabisə seə]

mar (m) del Giappone	Japanse See	[japaŋsə see]
mare (m) di Bering	Beringsee	[beriŋ·see]
mar (m) Cinese meridionale	Suid-Sjinese See	[sœid-ʃinesə see]

mar (m) dei Coralli	Koraalsee	[korāl·see]
mar (m) di Tasman	Tasmansee	[tasmaŋ·see]
mar (m) dei Caraibi	Karibiese See	[karibisə see]

| mare (m) di Barents | Barentssee | [barents·see] |
| mare (m) di Kara | Karasee | [kara·see] |

mare (m) del Nord	Noordsee	[noərd·see]
mar (m) Baltico	Baltiese See	[baltisə see]
mare (m) di Norvegia	Noorse See	[noərsə see]

79. Montagne

monte (m), montagna (f)	berg	[berχ]
catena (f) montuosa	bergreeks	[berχ·reəks]
crinale (m)	bergrug	[berχ·ruχ]

cima (f)	top	[top]
picco (m)	piek	[pik]
piedi (m pl)	voet	[fut]
pendio (m)	helling	[hɛlliŋ]

vulcano (m)	vulkaan	[fulkān]
vulcano (m) attivo	aktiewe vulkaan	[aktivə fulkān]
vulcano (m) inattivo	rustende vulkaan	[rustendə fulkān]

eruzione (f)	uitbarsting	[œitbarstiŋ]
cratere (m)	krater	[kratər]
magma (m)	magma	[maχma]
lava (f)	lawa	[lava]
fuso (lava ~a)	gloeiende	[χlujendə]

canyon (m)	diepkloof	[dip·kloəf]
gola (f)	kloof	[kloəf]
crepaccio (m)	skeur	[skøər]
precipizio (m)	afgrond	[afχront]

passo (m), valico (m)	bergpas	[berχ·pas]
altopiano (m)	plato	[plato]
falesia (f)	krans	[kraŋs]
collina (f)	kop	[kop]

ghiacciaio (m)	gletser	[χletsər]
cascata (f)	waterval	[vatər·fal]
geyser (m)	geiser	[χæjsər]
lago (m)	meer	[meər]

pianura (f)	vlakte	[flaktə]
paesaggio (m)	landskap	[landskap]
eco (f)	eggo	[ɛχχo]

alpinista (m)	alpinis	[alpinis]
scalatore (m)	bergklimmer	[berχ·klimmər]
conquistare (~ una cima)	baasraak	[bāsrāk]
scalata (f)	beklimming	[beklimmiŋ]

80. Nomi delle montagne

Alpi (f pl)	die Alpe	[di alpə]
Monte (m) Bianco	Mont Blanc	[mon blan]
Pirenei (m pl)	die Pireneë	[di pirenɛ]

Carpazi (m pl)	die Karpate	[di karpatə]
gli Urali (m pl)	die Oeralgebergte	[di ural·χəberχtə]
Caucaso (m)	die Koukasus Gebergte	[di kæʊkasus χəberχtə]
Monte (m) Elbrus	Elbroes	[ɛlbrus]

Monti (m pl) Altai	die Altai-gebergte	[di altaj-χəberχtə]
Tien Shan (m)	die Tian Shan	[di tian ʃan]
Pamir (m)	die Pamir	[di pamir]
Himalaia (m)	die Himalajas	[di himalajas]
Everest (m)	Everest	[ɛverest]

Ande (f pl)	die Andes	[di andes]
Kilimangiaro (m)	Kilimanjaro	[kilimandʒaro]

81. Fiumi

fiume (m)	rivier	[rifir]
fonte (f) (sorgente)	bron	[bron]
letto (m) (~ del fiume)	rivierbed	[rifir·bet]
bacino (m)	stroomgebied	[stroəm·χebit]
sfociare nel ...	uitmond in ...	[œitmont in ...]

affluente (m)	syrivier	[saj·rifir]
riva (f)	oewer	[uvər]

corrente (f)	stroming	[stromiŋ]
a valle	stroomafwaarts	[stroəm·afvārts]
a monte	stroomopwaarts	[stroəm·opvārts]

inondazione (f)	oorstroming	[oərstromiŋ]
piena (f)	oorstroming	[oərstromiŋ]
straripare (vi)	oor sy walle loop	[oər saj vallə loəp]
inondare (vt)	oorstroom	[oərstroəm]

secca (f)	sandbank	[sand·bank]
rapida (f)	stroomversnellings	[stroəm·fersnɛlliŋs]

diga (f)	damwal	[dam·wal]
canale (m)	kanaal	[kanāl]
bacino (m) di riserva	opgaardam	[opχār·dam]
chiusa (f)	sluis	[slœis]

specchio (m) d'acqua	dam	[dam]
palude (f)	moeras	[muras]
pantano (m)	vlei	[flæj]
vortice (m)	draaikolk	[drāj·kolk]

ruscello (m)	spruit	[sprœit]
potabile (agg)	drink-	[drink-]
dolce (di acqua ~)	vars	[fars]

| ghiaccio (m) | ys | [ajs] |
| ghiacciarsi (vr) | bevries | [befris] |

82. Nomi dei fiumi

| Senna (f) | Seine | [sæjn] |
| Loira (f) | Loire | [lua:r] |

Tamigi (m)	Teems	[tems]
Reno (m)	Ryn	[rajn]
Danubio (m)	Donau	[donɔu]

Volga (m)	Wolga	[volga]
Don (m)	Don	[don]
Lena (f)	Lena	[lena]

Fiume (m) Giallo	Geel Rivier	[xeəl rifir]
Fiume (m) Azzurro	Blou Rivier	[blæʊ rifir]
Mekong (m)	Mekong	[mekoŋ]
Gange (m)	Ganges	[xaŋəs]

Nilo (m)	Nyl	[najl]
Congo (m)	Kongorivier	[kongo·rifir]
Okavango	Okavango	[okavango]
Zambesi (m)	Zambezi	[sambesi]
Limpopo (m)	Limpopo	[limpopo]
Mississippi (m)	Mississippi	[mississippi]

83. Foresta

| foresta (f) | bos | [bos] |
| forestale (agg) | bos- | [bos-] |

foresta (f) fitta	woud	[væʊt]
boschetto (m)	boord	[boərt]
radura (f)	oopte	[oəptə]

| roveto (m) | struikgewas | [strœik·xevas] |
| boscaglia (f) | struikveld | [strœik·fɛlt] |

sentiero (m)	paadjie	[pādʒi]
calanco (m)	donga	[donχa]
albero (m)	boom	[boəm]

| foglia (f) | blaar | [blār] |
| fogliame (m) | blare | [blarə] |

caduta (f) delle foglie	val van die blare	[fal fan di blarə]
cadere (vi)	val	[fal]
cima (f)	boomtop	[boəm·top]

ramo (m), ramoscello (m)	tak	[tak]
ramo (m)	tak	[tak]
gemma (f)	knop	[knop]
ago (m)	naald	[nālt]
pigna (f)	dennebol	[dɛnnə·bol]

cavità (f)	holte	[holtə]
nido (m)	nes	[nes]
tana (f) (del fox, ecc.)	gat	[ɣat]

tronco (m)	stam	[stam]
radice (f)	wortel	[vortəl]
corteccia (f)	bas	[bas]
musco (m)	mos	[mos]

sradicare (vt)	ontwortel	[ontwortəl]
abbattere (~ un albero)	omkap	[omkap]
disboscare (vt)	ontbos	[ontbos]
ceppo (m)	boomstomp	[boəm·stomp]

falò (m)	kampvuur	[kampfɪr]
incendio (m) boschivo	bosbrand	[bos·brant]
spegnere (vt)	blus	[blus]

guardia (f) forestale	boswagter	[bos·waχtər]
protezione (f)	beskerming	[beskermiŋ]
proteggere (~ la natura)	beskerm	[beskerm]
bracconiere (m)	wildstroper	[vilt·stropər]
tagliola (f) (~ per orsi)	slagyster	[slaχ·ajstər]

raccogliere (~ i funghi)	pluk	[pluk]
cogliere (~ le fragole)	pluk	[pluk]
perdersi (vr)	verdwaal	[ferdwāl]

84. Risorse naturali

risorse (f pl) naturali	natuurlike bronne	[natɪrlikə bronnə]
minerali (m pl)	minerale	[mineralə]
deposito (m) (~ di carbone)	lae	[laə]
giacimento (m) (~ petrolifero)	veld	[fɛlt]

estrarre (vt)	myn	[majn]
estrazione (f)	myn	[majn]
minerale (m) grezzo	erts	[ɛrts]
miniera (f)	myn	[majn]
pozzo (m) di miniera	mynskag	[majn·skaχ]
minatore (m)	mynwerker	[majn·werkər]

gas (m)	**gas**	[χas]
gasdotto (m)	**gaspyp**	[χas·pajp]

petrolio (m)	**olie**	[oli]
oleodotto (m)	**olipypleiding**	[oli·pajp·læjdiŋ]
torre (f) di estrazione	**oliebron**	[oli·bron]
torre (f) di trivellazione	**boortoring**	[boǝr·toriŋ]
petroliera (f)	**tenkskip**	[tɛnk·skip]

sabbia (f)	**sand**	[sant]
calcare (m)	**kalksteen**	[kalksteǝn]
ghiaia (f)	**gruis**	[χrœis]
torba (f)	**veengrond**	[feǝnχront]
argilla (f)	**klei**	[klæj]
carbone (m)	**steenkool**	[steǝn·koǝl]

ferro (m)	**yster**	[ajstǝr]
oro (m)	**goud**	[χæʋt]
argento (m)	**silwer**	[silwǝr]
nichel (m)	**nikkel**	[nikkǝl]
rame (m)	**koper**	[kopǝr]

zinco (m)	**sink**	[sink]
manganese (m)	**mangaan**	[manχān]
mercurio (m)	**kwik**	[kwik]
piombo (m)	**lood**	[loǝt]

minerale (m)	**mineraal**	[minerāl]
cristallo (m)	**kristal**	[kristal]
marmo (m)	**marmer**	[marmǝr]
uranio (m)	**uraan**	[urān]

85. Tempo

tempo (m)	**weer**	[veǝr]
previsione (f) del tempo	**weersvoorspelling**	[veǝrs·foǝrspɛlliŋ]
temperatura (f)	**temperatuur**	[temperatɪr]
termometro (m)	**termometer**	[termometǝr]
barometro (m)	**barometer**	[barometǝr]

umido (agg)	**klam**	[klam]
umidità (f)	**vogtigheid**	[foχtiχæjt]

caldo (m), afa (f)	**hitte**	[hittǝ]
molto caldo (agg)	**heet**	[heǝt]
fa molto caldo	**dis vrekwarm**	[dis frɛkvarm]

fa caldo	**dit is warm**	[dit is varm]
caldo, mite (agg)	**louwarm**	[læʋvarm]

fa freddo	**dis koud**	[dis kæʋt]
freddo (agg)	**koud**	[kæʋt]
sole (m)	**son**	[son]
splendere (vi)	**skyn**	[skajn]

di sole (una giornata ~)	sonnig	[sonnəχ]
sorgere, levarsi (vr)	opkom	[opkom]
tramontare (vi)	ondergaan	[ondərχãn]

nuvola (f)	wolk	[volk]
nuvoloso (agg)	bewolk	[bevolk]
nube (f) di pioggia	reënwolk	[reɛn·wolk]
nuvoloso (agg)	somber	[sombər]

pioggia (f)	reën	[reɛn]
piove	dit reën	[dit reɛn]
piovoso (agg)	reënerig	[reɛnerəχ]
piovigginare (vi)	motreën	[motreɛn]

pioggia (f) torrenziale	stortbui	[stortbœi]
acquazzone (m)	reënvlaag	[reɛn·flãχ]
forte (una ~ pioggia)	swaar	[swãr]
pozzanghera (f)	poeletjie	[puləki]
bagnarsi (~ sotto la pioggia)	nat word	[nat vort]

foschia (f), nebbia (f)	mis	[mis]
nebbioso (agg)	mistig	[mistəχ]
neve (f)	sneeu	[sniʊ]
nevica	dit sneeu	[dit sniʊ]

86. Rigide condizioni metereologiche. Disastri naturali

temporale (m)	donderstorm	[dondər·storm]
fulmine (f)	weerlig	[veərləχ]
lampeggiare (vi)	flits	[flits]

tuono (m)	donder	[dondər]
tuonare (vi)	donder	[dondər]
tuona	dit donder	[dit dondər]

grandine (f)	hael	[haəl]
grandina	dit hael	[dit haəl]

inondare (vt)	oorstroom	[oərstroəm]
inondazione (f)	oorstroming	[oərstromiŋ]

terremoto (m)	aardbewing	[ãrd·beviŋ]
scossa (f)	aardskok	[ãrd·skok]
epicentro (m)	episentrum	[ɛpisentrum]

eruzione (f)	uitbarsting	[œitbarstiŋ]
lava (f)	lawa	[lava]

tromba (f), tornado (m)	tornado	[tornado]
tifone (m)	tifoon	[tifoən]

uragano (m)	orkaan	[orkãn]
tempesta (f)	storm	[storm]
tsunami (m)	tsunami	[tsunami]

ciclone (m)	**sikloon**	[sikloən]
maltempo (m)	**slegte weer**	[sleχtə veər]
incendio (m)	**brand**	[brant]
disastro (m)	**ramp**	[ramp]
meteorite (m)	**meteoriet**	[meteorit]
valanga (f)	**lawine**	[lavinə]
slavina (f)	**sneeulawine**	[sniʊ·lavinə]
tempesta (f) di neve	**sneeustorm**	[sniʊ·storm]
bufera (f) di neve	**sneeustorm**	[sniʊ·storm]

FAUNA

87. Mammiferi. Predatori

predatore (m)	roofdier	[roəf·dir]
tigre (f)	tier	[tir]
leone (m)	leeu	[liʊ]
lupo (m)	wolf	[volf]
volpe (m)	vos	[fos]
giaguaro (m)	jaguar	[jaχuar]
leopardo (m)	luiperd	[lœipert]
ghepardo (m)	jagluiperd	[jaχ·lœipert]
pantera (f)	swart luiperd	[swart lœipert]
puma (f)	poema	[puma]
leopardo (m) delle nevi	sneeuluiperd	[sniʊ·lœipert]
lince (f)	los	[los]
coyote (m)	prêriewolf	[præri·volf]
sciacallo (m)	jakkals	[jakkals]
iena (f)	hiëna	[hiɛna]

88. Animali selvatici

animale (m)	dier	[dir]
bestia (f)	beest	[beəst]
scoiattolo (m)	eekhoring	[eəkhoriŋ]
riccio (m)	krimpvarkie	[krimpfarki]
lepre (f)	hasie	[hasi]
coniglio (m)	konyn	[konajn]
tasso (m)	das	[das]
procione (f)	wasbeer	[vasbeər]
criceto (m)	hamster	[hamstər]
marmotta (f)	marmot	[marmot]
talpa (f)	mol	[mol]
topo (m)	muis	[mœis]
ratto (m)	rot	[rot]
pipistrello (m)	vlermuis	[fler·mœis]
ermellino (m)	hermelyn	[herməlajn]
zibellino (m)	sabel, sabeldier	[sabəl], [sabəl·dir]
martora (f)	marter	[martər]
donnola (f)	wesel	[vesəl]
visone (m)	nerts	[nerts]

castoro (m)	bewer	[bevər]
lontra (f)	otter	[ottər]

cavallo (m)	perd	[pert]
alce (m)	eland	[ɛlant]
cervo (m)	hert	[hert]
cammello (m)	kameel	[kameəl]

bisonte (m) americano	bison	[bison]
bisonte (m) europeo	wisent	[visent]
bufalo (m)	buffel	[buffəl]

zebra (f)	sebra, kwagga	[sebra], [kwaχχa]
antilope (f)	wildsbok	[vilds·bok]
capriolo (m)	reebok	[reəbok]
daino (m)	damhert	[damhert]
camoscio (m)	gems	[χems]
cinghiale (m)	wildevark	[vildə·fark]

balena (f)	walvis	[valfis]
foca (f)	seehond	[seə·hont]
tricheco (m)	walrus	[valrus]
otaria (f)	seebeer	[seə·beər]
delfino (m)	dolfyn	[dolfajn]

orso (m)	beer	[beər]
orso (m) bianco	ysbeer	[ajs·beər]
panda (m)	panda	[panda]

scimmia (f)	aap	[ãp]
scimpanzè (m)	sjimpansee	[ʃimpaŋseə]
orango (m)	orangoetang	[oranχutaŋ]
gorilla (m)	gorilla	[χorilla]
macaco (m)	makaak	[makãk]
gibbone (m)	gibbon	[χibbon]

elefante (m)	olifant	[olifant]
rinoceronte (m)	renoster	[renostər]
giraffa (f)	kameelperd	[kameəl·pert]
ippopotamo (m)	seekoei	[seə·kui]

canguro (m)	kangaroe	[kanχaru]
koala (m)	koala	[koala]

mangusta (f)	muishond	[mœis·hont]
cincillà (f)	chinchilla, tjintjilla	[tʃin·tʃila]
moffetta (f)	stinkmuishond	[stinkmœis·hont]
istrice (m)	ystervark	[ajstər·fark]

89. Animali domestici

gatta (f)	kat	[kat]
gatto (m)	kater	[katər]
cane (m)	hond	[hont]

cavallo (m)	perd	[pert]
stallone (m)	hings	[hiŋs]
giumenta (f)	merrie	[merri]
mucca (f)	koei	[kui]
toro (m)	bul	[bul]
bue (m)	os	[os]
pecora (f)	skaap	[skāp]
montone (m)	ram	[ram]
capra (f)	bok	[bok]
caprone (m)	bokram	[bok·ram]
asino (m)	donkie, esel	[donki], [eisəl]
mulo (m)	muil	[mœil]
porco (m)	vark	[fark]
porcellino (m)	varkie	[farki]
coniglio (m)	konyn	[konajn]
gallina (f)	hoender, hen	[hundər], [hen]
gallo (m)	haan	[hān]
anatra (f)	eend	[eent]
maschio (m) dell'anatra	mannetjieseend	[mannəkis·eent]
oca (f)	gans	[χaŋs]
tacchino (m)	kalkoenmannetjie	[kalkun·mannəki]
tacchina (f)	kalkoen	[kalkun]
animali (m pl) domestici	huisdiere	[hœis·dirə]
addomesticato (agg)	mak	[mak]
addomesticare (vt)	mak maak	[mak māk]
allevare (vt)	teel	[teəl]
fattoria (f)	plaas	[plās]
pollame (m)	pluimvee	[plœimfeə]
bestiame (m)	beeste	[beəstə]
branco (m), mandria (f)	kudde	[kuddə]
scuderia (f)	stal	[stal]
porcile (m)	varkstal	[fark·stal]
stalla (f)	koeistal	[kui·stal]
conigliera (f)	konynehok	[konajnə·hok]
pollaio (m)	hoenderhok	[hundər·hok]

90. Uccelli

uccello (m)	voël	[foɛl]
colombo (m), piccione (m)	duif	[dœif]
passero (m)	mossie	[mossi]
cincia (f)	mees	[meəs]
gazza (f)	ekster	[ɛkstər]
corvo (m)	raaf	[rāf]

cornacchia (f)	kraai	[krāi]
taccola (f)	kerkkraai	[kerk·krāi]
corvo (m) nero	roek	[ruk]

anatra (f)	eend	[eent]
oca (f)	gans	[χaŋs]
fagiano (m)	fisant	[fisant]

aquila (f)	arend	[arɛnt]
astore (m)	sperwer	[spɛrwər]
falco (m)	valk	[falk]
grifone (m)	aasvoël	[āsfoɛl]
condor (m)	kondor	[kondor]

cigno (m)	swaan	[swān]
gru (f)	kraanvoël	[krān·foɛl]
cicogna (f)	ooievaar	[ojefār]

pappagallo (m)	papegaai	[papəχāi]
colibrì (m)	kolibrie	[kolibri]
pavone (m)	pou	[pæʊ]

struzzo (m)	volstruis	[folstrœis]
airone (m)	reier	[ræjer]
fenicottero (m)	flamink	[flamink]
pellicano (m)	pelikaan	[pelikān]

usignolo (m)	nagtegaal	[naχteχāl]
rondine (f)	swael	[swaəl]

tordo (m)	lyster	[lajstər]
tordo (m) sasello	sanglyster	[saŋlajstər]
merlo (m)	merel	[merəl]

rondone (m)	windswael	[vindswaəl]
allodola (f)	lewerik	[leverik]
quaglia (f)	kwartel	[kwartəl]

picchio (m)	speg	[speχ]
cuculo (m)	koekoek	[kukuk]
civetta (f)	uil	[œil]
gufo (m) reale	ooruil	[oərœil]
urogallo (m)	auerhoen	[ɔuer·hun]
fagiano (m) di monte	korhoen	[korhun]
pernice (f)	patrys	[patrajs]

storno (m)	spreeu	[spriʊ]
canarino (m)	kanarie	[kanari]
francolino (m) di monte	bonasa hoen	[bonasa hun]

fringuello (m)	gryskoppie	[χrajskoppi]
ciuffolotto (m)	bloedvink	[bludfink]

gabbiano (m)	seemeeu	[seəmiʊ]
albatro (m)	albatros	[albatros]
pinguino (m)	pikkewyn	[pikkəvajn]

91. Pesci. Animali marini

abramide (f)	brasem	[brasem]
carpa (f)	karp	[karp]
perca (f)	baars	[bārs]
pesce (m) gatto	katvis, seebaber	[katfis], [seǝ·babǝr]
luccio (m)	snoek	[snuk]
salmone (m)	salm	[salm]
storione (m)	steur	[støǝr]
aringa (f)	haring	[hariŋ]
salmone (m)	atlantiese salm	[atlantisǝ salm]
scombro (m)	makriel	[makril]
sogliola (f)	platvis	[platfis]
lucioperca (f)	varswatersnoek	[farswatǝr·snuk]
merluzzo (m)	kabeljou	[kabeljæʋ]
tonno (m)	tuna	[tuna]
trota (f)	forel	[forǝl]
anguilla (f)	paling	[paliŋ]
torpedine (f)	drilvis	[drilfis]
murena (f)	bontpaling	[bontpaliŋ]
piranha (f)	piranha	[piranha]
squalo (m)	haai	[hāi]
delfino (m)	dolfyn	[dolfajn]
balena (f)	walvis	[valfis]
granchio (m)	krap	[krap]
medusa (f)	jellievis	[jelli·fis]
polpo (m)	seekat	[seǝ·kat]
stella (f) marina	seester	[seǝ·stǝr]
riccio (m) di mare	see-egel, seekastaiing	[seǝ·eχel], [seǝ·kastajiŋ]
cavalluccio (m) marino	seeperdjie	[seǝ·perdʒi]
ostrica (f)	oester	[ustǝr]
gamberetto (m)	garnaal	[χarnāl]
astice (m)	kreef	[kreǝf]
aragosta (f)	seekreef	[seǝ·kreǝf]

92. Anfibi. Rettili

serpente (m)	slang	[slaŋ]
velenoso (agg)	giftig	[χiftǝχ]
vipera (f)	adder	[addǝr]
cobra (m)	kobra	[kobra]
pitone (m)	luislang	[lœislaŋ]
boa (m)	boa, konstriktorslang	[boa], [kɔŋstriktor·slaŋ]
biscia (f)	ringslang	[riŋ·slaŋ]

| serpente (m) a sonagli | ratelslang | [ratǝl·slaŋ] |
| anaconda (f) | anakonda | [anakonda] |

lucertola (f)	akkedis	[akkedis]
iguana (f)	leguaan	[leχuān]
varano (m)	likkewaan	[likkevān]
salamandra (f)	salamander	[salamandǝr]
camaleonte (m)	verkleurmannetjie	[ferkløǝr·manneki]
scorpione (m)	skerpioen	[skerpiun]

tartaruga (f)	skilpad	[skilpat]
rana (f)	padda	[padda]
rospo (m)	brulpadda	[brul·padda]
coccodrillo (m)	krokodil	[krokodil]

93. Insetti

insetto (m)	insek	[insek]
farfalla (f)	skoenlapper	[skunlappǝr]
formica (f)	mier	[mir]
mosca (f)	vlieg	[fliχ]
zanzara (f)	muskiet	[muskit]
scarabeo (m)	kewer	[kevǝr]

vespa (f)	perdeby	[perdǝ·baj]
ape (f)	by	[baj]
bombo (m)	hommelby	[hommǝl·baj]
tafano (m)	perdevlieg	[perdǝ·fliχ]

| ragno (m) | spinnekop | [spinnǝ·kop] |
| ragnatela (f) | spinnerak | [spinnǝ·rak] |

libellula (f)	naaldekoker	[nālde·kokǝr]
cavalletta (f)	sprinkaan	[sprinkān]
farfalla (f) notturna	mot	[mot]

scarafaggio (m)	kakkerlak	[kakkerlak]
zecca (f)	bosluis	[boslœis]
pulce (f)	vlooi	[floj]
moscerino (m)	muggie	[muχχi]

locusta (f)	treksprinkhaan	[trek·sprinkhān]
lumaca (f)	slak	[slak]
grillo (m)	kriek	[krik]
lucciola (f)	vuurvliegie	[fɪrfliχi]
coccinella (f)	lieweheersbesie	[liveheers·besi]
maggiolino (m)	lentekewer	[lentekevǝr]

sanguisuga (f)	bloedsuier	[blud·sœiǝr]
bruco (m)	ruspe	[ruspǝ]
verme (m)	erdwurm	[ɛrd·vurm]
larva (f)	larwe	[larvǝ]

FLORA

94. Alberi

albero (m)	boom	[boəm]
deciduo (agg)	bladwisselend	[bladwisselent]
conifero (agg)	kegeldraend	[keχɛldraent]
sempreverde (agg)	immergroen	[immərχrun]
melo (m)	appelboom	[appɛl·boəm]
pero (m)	peerboom	[peər·boəm]
ciliegio (m)	soetkersieboom	[sutkersi·boəm]
amareno (m)	suurkersieboom	[sɪrkersi·boəm]
prugno (m)	pruimeboom	[prœimə·boəm]
betulla (f)	berk	[berk]
quercia (f)	eik	[æjk]
tiglio (m)	lindeboom	[lində·boəm]
pioppo (m) tremolo	trilpopulier	[trilpopulir]
acero (m)	esdoring	[ɛsdoriŋ]
abete (m)	spar	[spar]
pino (m)	denneboom	[dɛnnə·boəm]
larice (m)	lorkeboom	[lorkə·boəm]
abete (m) bianco	den	[den]
cedro (m)	seder	[sedər]
pioppo (m)	populier	[populir]
sorbo (m)	lysterbessie	[lajstərbɛssi]
salice (m)	wilger	[vilχər]
alno (m)	els	[ɛls]
faggio (m)	beuk	[bøək]
olmo (m)	olm	[olm]
frassino (m)	esboom	[ɛs·boəm]
castagno (m)	kastaiing	[kastajiŋ]
magnolia (f)	magnolia	[maχnolia]
palma (f)	palm	[palm]
cipresso (m)	sipres	[sipres]
mangrovia (f)	wortelboom	[vortəl·boəm]
baobab (m)	kremetart	[kremetart]
eucalipto (m)	bloekom	[blukom]
sequoia (f)	mammoetboom	[mammut·boəm]

95. Arbusti

cespuglio (m)	struik	[strœik]
arbusto (m)	bossie	[bossi]

| vite (f) | wingerdstok | [viŋərd·stok] |
| vigneto (m) | wingerd | [viŋərt] |

lampone (m)	framboosstruik	[framboəs·strœik]
ribes (m) nero	swartbessiestruik	[swartbɛssi·strœik]
ribes (m) rosso	rooi aalbessiestruik	[roj ālbɛssi·strœik]
uva (f) spina	appelliefiestruik	[appɛllifi·strœik]

acacia (f)	akasia	[akasia]
crespino (m)	suurbessie	[sɪr·bɛssi]
gelsomino (m)	jasmyn	[jasmajn]

ginepro (m)	jenewer	[jenevər]
roseto (m)	roosstruik	[roəs·strœik]
rosa (f) canina	hondsroos	[honds·roəs]

96. Frutti. Bacche

| frutto (m) | vrug | [fruχ] |
| frutti (m pl) | vrugte | [fruχtə] |

mela (f)	appel	[appəl]
pera (f)	peer	[peər]
prugna (f)	pruim	[prœim]

fragola (f)	aarbei	[ārbæj]
amarena (f)	suurkersie	[sɪr·kersi]
ciliegia (f)	soetkersie	[sut·kersi]
uva (f)	druif	[drœif]

lampone (m)	framboos	[framboəs]
ribes (m) nero	swartbessie	[swartbɛssi]
ribes (m) rosso	rooi aalbessie	[roj ālbɛssi]
uva (f) spina	appelliefie	[appɛllifi]
mirtillo (m) di palude	bosbessie	[bosbɛssi]

arancia (f)	lemoen	[lemun]
mandarino (m)	nartjie	[narki]
ananas (m)	pynappel	[pajnappəl]
banana (f)	piesang	[pisaŋ]
dattero (m)	dadel	[dadəl]

limone (m)	suurlemoen	[sɪr·lemun]
albicocca (f)	appelkoos	[appɛlkoəs]
pesca (f)	perske	[perskə]

| kiwi (m) | kiwi, kiwivrug | [kivi], [kivi·fruχ] |
| pompelmo (m) | pomelo | [pomelo] |

bacca (f)	bessie	[bɛssi]
bacche (f pl)	bessies	[bɛssis]
mirtillo (m) rosso	pryselbessie	[prajsɛlbɛssi]
fragola (f) di bosco	wilde aarbei	[vildə ārbæj]
mirtillo (m)	bloubessie	[blæubɛssi]

97. Fiori. Piante

fiore (m)	blom	[blom]
mazzo (m) di fiori	boeket	[buket]
rosa (f)	roos	[roəs]
tulipano (m)	tulp	[tulp]
garofano (m)	angelier	[anχəlir]
gladiolo (m)	swaardlelie	[swārd·leli]
fiordaliso (m)	koringblom	[koriŋblom]
campanella (f)	grasklokkie	[χras·klokki]
soffione (m)	perdeblom	[perdə·blom]
camomilla (f)	kamille	[kamillə]
aloe (m)	aalwyn	[ālwajn]
cactus (m)	kaktus	[kaktus]
ficus (m)	rubberplant	[rubbər·plant]
giglio (m)	lelie	[leli]
geranio (m)	malva	[malfa]
giacinto (m)	hiasint	[hiasint]
mimosa (f)	mimosa	[mimosa]
narciso (m)	narsing	[narsiŋ]
nasturzio (m)	kappertjie	[kapperki]
orchidea (f)	orgidee	[orχideə]
peonia (f)	pinksterroos	[pinkstər·roəs]
viola (f)	viooltjie	[fioəlki]
viola (f) del pensiero	gesiggie	[χesiχi]
nontiscordardimé (m)	vergeet-my-nietjie	[ferχeət-maj-niki]
margherita (f)	madeliefie	[madelifi]
papavero (m)	papawer	[papavər]
canapa (f)	hennep	[hɛnnəp]
menta (f)	kruisement	[krœisəment]
mughetto (m)	dallelie	[dalleli]
bucaneve (m)	sneeuklokkie	[sniʊ·klokki]
ortica (f)	brandnetel	[brant·netəl]
acetosa (f)	veldsuring	[fɛltsuriŋ]
ninfea (f)	waterlelie	[vatər·leli]
felce (f)	varing	[fariŋ]
lichene (m)	korsmos	[korsmos]
serra (f)	broeikas	[bruikas]
prato (m) erboso	grasperk	[χras·perk]
aiuola (f)	blombed	[blom·bet]
pianta (f)	plant	[plant]
erba (f)	gras	[χras]
filo (m) d'erba	grasspriet	[χras·sprit]

foglia (f)	blaar	[blãr]
petalo (m)	kroonblaar	[kroən·blãr]
stelo (m)	stingel	[stiŋəl]
tubero (m)	knol	[knol]

germoglio (m)	saailing	[sãjliŋ]
spina (f)	doring	[doriŋ]

fiorire (vi)	bloei	[blui]
appassire (vi)	verlep	[ferlep]
odore (m), profumo (m)	reuk	[røək]
tagliare (~ i fiori)	sny	[snaj]
cogliere (vt)	pluk	[pluk]

98. Cereali, granaglie

grano (m)	graan	[χrãn]
cereali (m pl)	graangewasse	[χrãn·χəwassə]
spiga (f)	aar	[ãr]

frumento (m)	koring	[koriŋ]
segale (f)	rog	[roχ]
avena (f)	hawer	[havər]
miglio (m)	gierst	[χirst]
orzo (m)	gars	[χars]

mais (m)	mielie	[mili]
riso (m)	rys	[rajs]
grano (m) saraceno	bokwiet	[bokwit]

pisello (m)	ertjie	[ɛrki]
fagiolo (m)	nierboon	[nir·boən]
soia (f)	soja	[soja]
lenticchie (f pl)	lensie	[lɛŋsi]
fave (f pl)	boontjies	[boənkis]

PAESI

99. Paesi. Parte 1

Afghanistan (m)	Afghanistan	[afχanistan]
Albania (f)	Albanië	[albaniε]
Arabia Saudita (f)	Saoedi-Arabië	[saudi-arabiε]
Argentina (f)	Argentinië	[arχentiniε]
Armenia (f)	Armenië	[armeniε]
Australia (f)	Australië	[ɔustraliε]
Austria (f)	Oostenryk	[oəstenrajk]
Azerbaigian (m)	Azerbeidjan	[azerbæjdjan]
Le Bahamas	die Bahamas	[di bahamas]
Bangladesh (m)	Bangladesj	[bangladeʃ]
Belgio (m)	België	[belχiε]
Bielorussia (f)	Belarus	[belarus]
Birmania (f)	Myanmar	[mjanmar]
Bolivia (f)	Bolivië	[boliviε]
Bosnia-Erzegovina (f)	Bosnië & Herzegowina	[bosniε en hersegovina]
Brasile (m)	Brasilië	[brasiliε]
Bulgaria (f)	Bulgarye	[bulχaraje]
Cambogia (f)	Kambodja	[kambodja]
Canada (m)	Kanada	[kanada]
Cile (m)	Chili	[tʃili]
Cina (f)	Sjina	[ʃina]
Cipro (m)	Ciprus	[siprus]
Colombia (f)	Colombia, Kolombië	[kolombia], [kolombiε]
Corea (f) del Nord	Noord-Korea	[noərd-korea]
Corea (f) del Sud	Suid-Korea	[sœid-korea]
Croazia (f)	Kroasië	[kroasiε]
Cuba (f)	Kuba	[kuba]
Danimarca (f)	Denemarke	[denemarkə]
Ecuador (m)	Ecuador	[εkuador]
Egitto (m)	Egipte	[εχiptə]
Emirati (m pl) Arabi	Verenigde Arabiese Emirate	[ferenixdə arabisə emiratə]
Estonia (f)	Estland	[εstlant]
Finlandia (f)	Finland	[finlant]
Francia (f)	Frankryk	[frankrajk]

100. Paesi. Parte 2

Georgia (f)	Georgië	[χeorχiε]
Germania (f)	Duitsland	[dœitslant]
Ghana (m)	Ghana	[χana]

Giamaica (f)	Jamaika	[jamajka]
Giappone (m)	Japan	[japan]
Giordania (f)	Jordanië	[jordaniɛ]
Gran Bretagna (f)	Groot-Brittanje	[χroət-brittanje]
Grecia (f)	Griekeland	[χrikəlant]

Haiti (m)	Haïti	[haïti]
India (f)	Indië	[indiɛ]
Indonesia (f)	Indonesië	[indonesiɛ]
Inghilterra (f)	Engeland	[ɛŋəlant]
Iran (m)	Iran	[iran]
Iraq (m)	Irak	[irak]
Irlanda (f)	Ierland	[irlant]
Islanda (f)	Ysland	[ajslant]
Israele (m)	Israel	[israəl]
Italia (f)	Italië	[italiɛ]

Kazakistan (m)	Kazakstan	[kasakstan]
Kenya (m)	Kenia	[kenia]
Kirghizistan (m)	Kirgisië	[kirχisiɛ]
Kuwait (m)	Kuwait	[kuvajt]

Laos (m)	Laos	[laos]
Lettonia (f)	Letland	[letlant]
Libano (m)	Libanon	[libanon]
Libia (f)	Libië	[libiɛ]
Liechtenstein (m)	Lichtenstein	[liχtɛŋstejn]
Lituania (f)	Litoue	[litæʋə]
Lussemburgo (m)	Luksemburg	[luksemburχ]

Macedonia (f)	Masedonië	[masedoniɛ]
Madagascar (m)	Madagaskar	[madaχaskar]
Malesia (f)	Maleisië	[malæjsiɛ]
Malta (f)	Malta	[malta]
Marocco (m)	Marokko	[marokko]
Messico (m)	Meksiko	[meksiko]
Moldavia (f)	Moldawië	[moldaviɛ]
Monaco (m)	Monako	[monako]
Mongolia (f)	Mongolië	[monχoliɛ]
Montenegro (m)	Montenegro	[montənegro]

Namibia (f)	Namibië	[namibiɛ]
Nepal (m)	Nepal	[nepal]
Norvegia (f)	Noorweë	[noərweɛ]
Nuova Zelanda (f)	Nieu-Seeland	[niu-seəlant]

101. Paesi. Parte 3

Paesi Bassi (m pl)	Nederland	[nedərlant]
Pakistan (m)	Pakistan	[pakistan]
Palestina (f)	Palestina	[palestina]
Panama (m)	Panama	[panama]
Paraguay (m)	Paraguay	[paragwaj]
Perù (m)	Peru	[peru]

Polinesia (f) Francese	Frans-Polinesië	[fraŋs-polinesiɛ]
Polonia (f)	Pole	[polə]
Portogallo (f)	Portugal	[portuχal]

Repubblica (f) Ceca	Tjeggië	[ʧeχiɛ]
Repubblica (f) Dominicana	Dominikaanse Republiek	[dominikāŋsə republik]
Repubblica (f) Sudafricana	Suid-Afrika	[sœid-afrika]
Romania (f)	Roemenië	[rumeniɛ]
Russia (f)	Rusland	[ruslant]

Scozia (f)	Skotland	[skotlant]
Senegal (m)	Senegal	[seneχal]
Serbia (f)	Serwië	[serwiɛ]
Siria (f)	Sirië	[siriɛ]
Slovacchia (f)	Slowakye	[slovakaje]
Slovenia (f)	Slovenië	[slofeniɛ]

Spagna (f)	Spanje	[spanje]
Stati (m pl) Uniti d'America	Verenigde State van Amerika	[fereniχdə statə fan amerika]
Suriname (m)	Suriname	[surinamə]
Svezia (f)	Swede	[swedə]
Svizzera (f)	Switserland	[switsərlant]

Tagikistan (m)	Tadjikistan	[tadʒikistan]
Tailandia (f)	Thailand	[tajlant]
Taiwan (m)	Taiwan	[tajvan]
Tanzania (f)	Tanzanië	[tansaniɛ]
Tasmania (f)	Tasmanië	[tasmaniɛ]
Tunisia (f)	Tunisië	[tunisiɛ]
Turchia (f)	Turkye	[turkaje]
Turkmenistan (m)	Turkmenistan	[turkmenistan]

Ucraina (f)	Oekraïne	[ukraïnə]
Ungheria (f)	Hongarye	[honχaraje]
Uruguay (m)	Uruguay	[urugwaj]
Uzbekistan (m)	Oezbekistan	[uzbekistan]

Vaticano (m)	Vatikaan	[fatikān]
Venezuela (f)	Venezuela	[fenesuela]
Vietnam (m)	Viëtnam	[viɛtnam]
Zanzibar	Zanzibar	[zanzibar]